짧으면서 긴 이야기

짧으면서 긴 이야기

초판 1쇄 인쇄 | 2019년 8월 15일
초판 1쇄 발행 | 2019년 8월 19일

지 은 이 | 정민호
펴 낸 이 | 박세희

펴 낸 곳 | (주) 도서출판 등대지기
등록번호 | 제2013-000075호
등록일자 | 2013년 11월 27일

주 소 | (153-768) 서울시 가산디지털2로 98.
2동 1110호(가산동 롯데IT캐슬)
대표전화 | (02)853-2010
팩 스 | (02)857-9036
이 메 일 | sehee0505@hanmail.net

편집 · 디자인 | 박세원

ISBN 979-11-6066-039-5
값 12,000원

• 잘못된 책은 바꾸어 드립니다.

정민호의 남기고 싶은 문단유사

짧으면서 긴 이야기

정민호 지음

등대지기

| 책을 펴내면서

내가 남겨야 할 문단 유사

지금까지 경주에 다녀간 문인들은 수없이 많다. 그리고 경주와 관계 있는 문인들도 경주에 다녀갔다. 더구나 경주를 지키면서 경주문협을 중심으로 활동한 문인도 많다.

문인들이 모이면 술을 마시고 술을 마시면 기행을 남기게 마련이다. 그동안 경주를 거쳐 가면서 숱한 기행과 함께 살다간 사람이 많다. 나도 그런 사람 중의 하나다. 나는 이런 문단유사를 쓰기 위해 자료를 모으고 기억에 남아 있는 희미한 생각을 더듬어 이 글을 쓰고자 한다. 단순히 나와의 관계가 중심인 것이 많다. 그러나 나와 관계 있는 문인을 적다 보니 자연스럽게 동리 선생과 목월 선생을 중심으로 이야기가 전개되었다.

내가 1965년부터 경주문협을 중심으로 문학 활동을 했으니 50년이 훨씬 넘었다. 그때 이야기를 지금 기록하지 않으면 영영 사라지고 말 것이다. 그래서 지금이라도 기록을 남겨야 경주문단과 경주문학의 산 역사가 된다고 생각하여 이 글을 쓰게 되었다.

2019년 5월 동리목월문학관에서
정민호 적음

| 차례

제1부

제2부

제3부

제4부

제1부

「신라문학대상」과 동리선생

제1회 '신라문학대상' 응모작품을 모아들고 김동리 선생 댁을 찾은 것은 1988년 가을이었다. 제1회 신라문학대상에 응모한 작품 심사를 의뢰하려고 찾아간 것이 동리 선생 댁이었다. 미리 연락하여 김해석, 황명, 원형갑 선생이 오시고 경주에서는 이근식, 서영수, 정민호가 동리선생 댁을 찾게 되었다. 미리 연락하여 댁이 강남 청담동 영동교 부근이란 것도 전화로 미리 알았으니 찾아가기란 그리 어려운 일이 아니었다. 김해석 선생과 함께 가지 못했지만, 그날 동리 선생 댁에서 만나기로 한 것이다. 서울 가는 고속버스를 타고 서울에 도착한 것이 오후 3시쯤, 전화를 걸어 동리 선생 댁을 확실히 알아서 '비 내리는 영동교'를 생각하며 찾아가니 쉽게 찾을 수가 있었다. 마당에 들어서니 잔디며, 화단의 화초며 넓은 뜰에는 가을꽃이 한창 피어 있었다. 동리 선생은 마당에 나오며 우리를 맞이했다. 건평이 지하 지상 합하여 99평이라 하니 가히 짐작이 갈 만도 하다.

우리는 방으로 들어갔다. 벌써 김해석 선생과 황명, 원형갑 선생이 와 있었다. 그때는 서영은이 동리 선생 댁에 같이 와 있었다. 널찍한 방안에서는 이미 술상이 벌어져 있고, 둘러앉아 정종을 마시고 있었다. 동리 선생 댁은 항상 정종(청주)이 준비되어 있어 오는 손님마다 좋든 싫든 이 술을 마셔야 했다. 60대쯤 되어 보이는 식모가 대기해 있다가 술 주전자를 데워 나르고 있었다. 정종 잔이 몇 순배가 돌고 거나하게 되었을 무렵 MBC기자 둘과 여자 한 사람이 나타났다. 그 여자는 소설을 쓴다는 여기자였다. 동리 선생과는 매우 가까운 모양, 상냥하게 인사를 나누고 함께 둘러앉아 술잔을 받아 마셨다. 시간이 깊어지니 모두가 취할 만큼 취한 것 같았다. 술이 취한 동리 선생은 벽장문을 열고 청주병 하나를 꺼내 손수 부엌으로 나가서 술을 데우고 어디서 안주까지 다시 준비하여 나왔다. 술이 취한 동리선생은 노래를 부르면서 즐겼는데 그 노래는 무슨 노래인지 알 수가 없을 정도였다. 정종 주전자를 들고 서영은에게 술잔을 주며 억지로 술을 따르는 바람에 술이 철철 넘치는 광경을 보아 동리 선생이 매우 취한 것을 알 수가 있었다.

술에 취한 우리들은 그길로 나와서 어느 여관에서 자고는 아침 일찍 동리 선생 댁으로 갔다. 벌써 일어나시어 단정히 앉아 있었다. 아침 식사까지 마치고 아침밥은 먹었느냐고 물었다. 우리는 먹었다고 대답하고 앉아 있으니 선생은 서재에 들어가시어 글씨를 쓰셨다. 한참 만에 작품 몇 장을 가지고 나오더니 하나씩을 주셨다.

'開花如是' '心外無法' '蘭有香菊有芳' '淸風明月' 이 그것이었다. 나는 동리 선생이 써주신 글을 소중히 보관하고 있다.

그 후 몇 번 동리 선생 댁을 찾아가서 마신 따끈한 정종 향기가 아직도 내 혀끝에서 맴을 돈다.

제1회 신라문학대상 소설 당선작으로는 김정애의 작품이 뽑혔다.

경주 황성공원에는 동리 선생의 표징비가 있다. 이 비는 1997년에 한국문인협회가 SBS의 후원을 얻어 작고한 전국 문인들의 연고지에 세운 것이다. 동리 선생의 고향인 이곳 경주 황성공원에 이 표징비가 세워진 것이다.

경주 문학강연회에서
청중 없어 발끈한 동리 선생

1970년대 중반쯤 되었을까? 한국문협에서 후원하고 경주시청이 주최하는 반공 문학강연회가 있었다. 경주문협이 주관하여 3일 전부터 포스터도 붙이고 경주시청 공보실 차를 동원하여 거리마다 돌아다니며 광고 방송도 했다. 한국문협에서는 김동리, 박목월을 연사로 초청하여 내려보냈고, 박양균 시인도 함께 내려왔었다. 경주문협 회원 중에 학교에 근무하는 사람은 그 학교에 학생을 동원하라는 부탁도 있었다.

드디어 문학강연회 날이 왔다. 토요일 오후 2시 문화고등학교 대강당에서 강연을 시작할 무렵이었다. 시간은 다 되어 가는데 청중은 거의 없고 연사도 도착하여 문화등학교 교무실에서 대기하고 있었다. 그런데 이게 웬일일까? 와야 하는 청중이 거의 없고 맨 앞줄에 초등학교 조무래기들만 오물오물 앉아 있었다. 그러나 어찌하랴. 청중이 적다고 안할 수도 없고 안 하자니 시청 측과 연사들에게 미안하기 그지없었다.

드디어 시간이 되어 김동리 선생과 박목월 선생이 강연을 하려

고 강당에 들어선 동리 선생이 어이없다는 듯이 연단에 섰다. 첫 발언이,

"경주는 나의 고향인데 내 고향이 이렇게 황폐해 있을 줄은 몰랐다. 나는 백 명 이내의 청중 앞에서 강연해 본 적이 없는 사람이다." 하고는 경주문협 회원들을 대단하게 나무라고는 "이왕 예까지 왔으니 그냥 갈 수는 없고 내 자작시 한 수나 낭독하겠다." 하고 자작시 한 수를 낭독했다.

달 밝은 하늘엔
나도 새가 되고 싶다

저 멀리 강물 위의
뿌연 안개 속으로 날아가고 싶다

슬픔은 언제나 마음속
깊은 골짝에 흐르고
꿈은 차라리 설운 가락
노래나 되어 돌아오는가 〈이하 생략〉

– 김동리의 자작시 「달밤」의 전반부

동리 선생은 시한 수로 강연을 대신했다. 난 그때까지 동리 선생을 소설가로 알고 있었고, 시는 전연 쓰지 않는 걸로 알았는데 그것이 아니었다. 물론 시로 출발하여 소설로 전향한 줄은 알고는 있었지만 이렇게 청중 앞에서 자작시를 낭송할 줄은 몰랐다. 목월 같았으면 몰라도…하며 생각했다. 이 「달밤」은 경주와 상당

한 관계가 있는 작품 같았으며 동리 선생의 젊은 날의 서정이란 걸 느끼게 했다.

그때, 박목월 선생은 동리 선생을 달래듯 은근히 강연할 것을 요청했다. 그러나 동리 선생은 머리를 썰레썰레 흔들며 좌석에 들어가 앉았다. 목월 선생 혼자서 주어진 시간을 위하여 강연을 시작했다. 우리는 안절부절못하면서도 끝까지 그 강연을 다 듣고 자리를 떴다. 지금 생각해도 낯이 뜨거워 그 자리에 앉아 있을 수가 없었다. 대구에서도 최정석 교수가 왔고, 포항이나 타지방에서도 문인 몇 사람이 와 있었다. 그러니 경주문협의 체면이 말이 아니었다.

그날의 반공 문학강연은 완전 실패로 끝이 났다. 아마 그길로 연사 두 분은 서울로 올라가신 것인지, 그 후의 기억은 거의 없다. 지금도 부끄러움만 남아 있을 뿐이다. 박목월 시인의 시 「산이 날 에워싸고」 한 편을 덧붙인다.

> 산이 날 에워싸고
> 씨나 뿌리며 살아라 한다.
> 밭이나 갈며 살아라 한다.
>
> 어느 산자락에 집을 모아
> 아들 낳고 딸을 낳고
> 흙담 안팎에 호박 심고
> 들찔레처럼 살아라 한다.
> 쑥대밭처럼 살아라 한다.
>
> 산이 날 에워싸고

그믐달처럼 사위어지는 목숨
구름처럼 살아라 한다.
바람처럼 살아라 한다.

이 작품은 목월의 초기 작품으로 많은 사람들의 입에 회자되었다. 누구나 한 번쯤은 젊은 날에 목월의 시를 접하지 않은 사람이 있을까?

「경주 시민의 노래」를 작사한 동리 선생

처음에 월성군에서 '군민의 노래'를 제정할 목적으로 경주문협에 의뢰가 왔다. 경주 출신의 문인 중에 이름난 분에게 부탁해달라는 전갈이었다. 목월이 아니면 동리였다. 그때 김동리 선생은 국정자문위원으로 있을 때이니 나와 이근식 선생이 동리 선생께 의뢰하자고 했다. 그래서 월성군 내무과장인 박종택 씨가 서울 김동리 선생께 부탁하러 갔는데 정민호, 이근식 선생과 함께 세 사람이 가기로 한 것이다. 미리 연락을 해 놓고 일요일에 가기로 하고 동리 선생께 연락을 드리고는 세사람이 서울로 동행했다. 동리 선생 댁에 들르기 전에 미리 연락을 하니 동리 선생께서 『한국일보』 부근 어느 다방으로 오라고 했다. 우리는 그 다방을 찾아갔다. 동리 선생과 만나서 어느 술집으로(실은 요정이었다) 갔었다. 고향 사람이 왔으니 그냥 보낼 수 없다며 그 술집에서 거창한 자리를 만들어주셨고, 술대접을 거나하게 받았다. '군민의 노래'는 걱정 말고 내려가면 내가 김성태 씨에게 부탁하여 작곡까지 해서 경주에 가지고 가겠다고 했다.

김동리 선생을 환영나온 분들
(좌로부터 이상렬, 박종택, 역장, 김동리, 서영은, 군수, 정민호, 이근식 제씨)

1) 신라 천년 옛 서울 경주 고을에
새 나라 새 하늘의 새날이 왔네
나아가자 우리 모두 손을 맞잡고
지난날의 그 영광 되살려보세.

2) 첨성대 석굴암은 세계의 자랑
토함산 금오산은 경주의 기상
나아가자 우리 모두 손을 맞잡고
이 나라의 새날에 꽃을 피우세.

그 후에 작사 작곡이 다 되었으니 경주에 오시겠다고 연락이 왔다. 우선 월성군에 연락을 했더니 군수 외에 여러 사람이 동리 선생을 환영차 경주역에 나왔다.

김동리 선생이 직접 작사하고 작곡가 김성태 님께서 직접 작곡하여 그것을 가지고 경주에 내려왔다. 그때 경주역에 군수를 비롯해서 많은 사람이 환영하러 나왔다.

당시는 '군민의 노래' 였지만, 지금은 「경주시민의 노래」가 되어 있다. 작곡 작사는 어디에 내놓아도 빠지지 않는 경주의 권위를 자랑하고 있다.

김동리 선생과 콩이파리

1970년대 경주신라문화제가 열렸다. 우리 경주문인협회에서는 심사위원장으로 김동리 선생을 모셨다. 1박2일을 끝내고 동리선생이 시내 가장행렬을 구경하러 가자고 하셨기에 우리 경주문협 회원 몇 사람이 선생님을 모시고 경주시내로 나갔다. 오후 3시가 되니 강장행렬이 시작되었다.

이 가장행렬은 행사의 가장 큰 볼거리로 첫날부터 끝나는 날까지 매일 한 번씩 실시하는데 동리 선생은 문학행사 때문에 이 가장 행렬 행사의 구경을 놓친 것이다. 그래서 선생님을 모시고 거리에 나섰다. 제일 먼저 '화랑원화행렬' 이어서 불을 뿜어대는 '문무대왕 대룡행렬', 근화여고의 '박재상 행렬', 경주여고 '가배놀이' 행렬, 국악패 놀이가 줄을 이어 온 시내가 구경꾼들로 가득했다.

우리는 김동리 선생을 구룡포식당으로 모시고 가서 점심 겸 저녁 식사를 했다. 식사를 마치고 고속버스 편으로 곧 동리 선생께서 서울로 떠나셔야 했다. 우리 일행은 구룡포식당에 들어가서

상을 받았는데 동리 선생 식상에 노랗게 익은 콩잎이 놓여 있었던 것이다. 어릴 때 먹던 그 콩잎! 그것을 본 동리 선생을 오랜만에 대하는 노란 콩잎에 눈이 끌리며 감탄하는 것이 아닌가? 너무나 향수에 젖은 표정으로 맛있게 콩잎을 먹으면서 "주인! 이 콩잎 좀 싸줄 수 있어요?" 하고 요청을 했다. 주인은 "예" 하면서 좀 드리겠다고 했다. 우리가 점심 겸 저녁 식사를 마치니 주인이 콩잎을 싸서 동리 선생에게 주었다. 동리 선생은 고맙다고 인사하고는 신문지에 싼 콩잎을 받아서 가방에 넣고 우리와 함께 나왔다. 문제는 그 후부터였다. 고속버스에서 동리 선생을 전송하고 우리는 돌아왔는데, 일은 고속버스 안에서 벌어진 것이다. 동리 선생이 무슨 서류를 찾으려고 가방의 지퍼를 열었을 때, 이게 웬일인가? 콩이파리의 특유한 냄새가 고속버스 안에 가득 퍼져 나온 것이었다. 그때만 해도 비닐이 귀하던 시대, 식당 주인이 접시에 콩잎을 놓고 위에다 접시를 맞붙여서 고무줄로 묶어 신문지에 싼 것이었다. 맞붙은 접시가 삐끽하면서 내용물이 쏟아져 그 야릇한 냄새가 온 고속버스 차중에 가득하게 되니 승객들이 들고 일어난 것이었다.

이거 뭐야!

이거 무슨 냄새야!

이거 경상도 사람만 먹는 콩잎 냄새 아니야? 하고는 차 안에 앉은 사람들이 고속버스 기사에게 저 손님 내리라고들 했다. 그 때의 상황은 불견가지不見可知, 동리 선생께서 얼마나 당황했을지 짐작이 갈 만한 일대 사건이었다.

그 후에 이근식 선생과 동리 선생 댁을 찾았을 때, 동리 선생께서 그때의 사건을 상세하게 설명해주셨다. 거기에 앉았던 사람들이 모두 허허야 하고 웃었다.

동리 선생과 김기문의 오토바이

신라문화제 한글백일장에 초대 인사로 동리 선생을 모셨다. 그러니 1980년대 중반으로 기억된다. 아마 그때가 서울로 올라가시고 공식적으로는 처음 경주에 오신 게 아닌가 생각된다. 여러 가지 이유에서 그는 자주 경주에 오시지 않았었다. 오랜만에 고향에 오신 동리 선생은 새롭고 신기하고 또 신비했는지 여느 때보다 신라문화제와 경주 여러 지역에 관심을 기울이는 것 같았다. 가장행렬이며 문학행사며 신라문화제新羅文化祭 행사장 뒤편에서 열리는 난장판과 장터, 품바 공연 등 상당한 관심을 기울이고 있었다. 회원들과 함께 엿장수 골목을 누비며 흥겨워하던 일, 포장을 둘러친 국밥집에서 막걸리를 맛있게 드시던 일이 아직도 기억난다. 그가 술이 한잔 거나하게 취하니 "예들아! 난 70이 넘었는데 아직도 현역(?)이야." 하시던 말이 뚜렷이 기억된다. 김기문 시인의 오토바이를 타고 문화제 군중 속을 누비며 다니던 일이 어제만 같다. 그날 저녁은 늦게까지 저녁 행사에 다니다가 밤에 천우여관에 와서는 회원들과 같이 막걸리를 기울이던 생각이 난다.

신라문화제 한글백일장 날이었다. 사무국에서는 아침 일찍 나물왕릉에서 행사 준비를 하고 있었다. 마이크를 준비하고 천막도 치고 각급 학교 학생들이 모여들기 시작했다. 첨성대, 계림에는 많은 인파가 몰려들고 있었다. 백일장 행사를 시작하기 위해서 동리 선생을 모시러 가야 했다. 나는 김기문의 오토바이를 타고 천우여관에 계시는 동리 선생을 모시러 갔다. 천우여관에 가니 동리 선생은 세수를 하고 있었다. 동리 선생의 세수하는 과정이 매우 특이했다. 물을 세면기에 받아 놓고 얼굴을 담그다가 머리를 담그다가 하면서 오래도록 얼굴과 머리를 문지르는 것이 었다. 세수하는 데만 30여 분이 걸리고 거울 앞에서 닦고 문지르고 하는 것이 역시 시간이 걸렸다. 시간은 아침 10시가 가까워 오는데 동리 선생이 가셔야 행사가 시작되는 것이었다.

우리는 조급하여 발을 동동 구르는데 동리 선생은 옷을 갈아입고 천천히 여관을 나왔다. 그런데 문제가 생겼다. 택시를 타고 현장에 가야 하는데 행사 인파 때문에 택시를 잡을 수도 없을 뿐 아니라 차를 탄다고 하더라도 거리를 빠져나가는 데 몇 시간이 걸릴지 문제였다. 할 수 없이 우리는 동리선생을 김기문의 오토바이에 태워서 먼저 보냈다. 김기문의 오토바이에 올라탄 동리 선생은 겁을 잔뜩 집어먹고 벌벌 떨면서 "얘, 나 이래도 대한민국 국보야. 조심해서 가자!" 하면서 쩔쩔 매는 모양이 보지 않아도 머리에 선했다.

한글백일장 현장에 도착한 동리 선생은 신기한 듯이 둘러보면서 우리에게 지시하셨다. 백일장 제목과 행사에 관한 내용을 말씀하시고는 바로 마이크 앞에 나서서는 대회사를 했다. 그 첫마디가 "나, 오랜만에 경주에 왔는데……."시작하여 좀 길게 대회사를 마치고 좌정하셨다.

동리 선생은 수월水月 선생을 연락해서 데리고 오라고 했다. 수월 선생은 조각가로서 동리 선생의 죽마고우일 뿐 아니라 친분관계가 두터운 사이였다. 두 분은 서로 만나면 꼭 막걸리를 마시며 함께 즐겼다. 그래서 백일장 행사를 시작해놓고는 수월과 지부장과 사무국장과 함께 감포 쪽으로 바람을 쐬러 가셨다. 거기서 바닷바람을 마시며 오랜만에 회와 막걸리를 즐기고 돌아오기도 했다.

동리 선생이 서울로 돌아가셔서 문학지에 「수학여행」이란 소설을 발표하였다. 경주로 수학여행 온 여고생들의 즐거운 모습과 경주의 역사적 배경의 아름다운 산천을 소설로 쓴 작품이었다. 이 작품이 나중에 영화화되어 상영된 적도 있었다.

동리 선생 댁의 따끈한 정종 맛

동리 선생이 청담동에 계실 때 몇 번 방문했다. 김해석, 이근식, 정민호, 세사람이 청담동 자택을 찾았다. 김동리 선생님 함자가 김창귀金昌貴란 것을 처음 문패를 보고 알았다. 동리 선생께서 경주 성건동 출신으로 이곳 성건동 사람들은 동리 선생이 어릴 때 "창계, 창계"하고 불렀다는 사실을 그때서야 알게 되었다. 창귀를 그렇게 불렀던 것이다. 넓은 대지에 덩그렇게 지은 자택이 지하와 지상으로 되어 있었다.

그날 오후 6시쯤 방문하니 늦가을이라 어둡기 시작했다. 방에 들어가니 이미 몇 사람이 찾아와 방에 앉아서 술을 마시고 있었다. 그 집의 술은 언제나 정종(백화수복)이었고, 술이 식으면 동리 선생이 직접 부엌에 나가시어 따뜻하게 데워 오곤 했다. 그 넓은 방에 십여 명이 둘러앉아 술을 마시니 그 술이 보통이 아니었다. 나중에는 식모를 불러 술을 데워오라고 해도 식모도 잠이 들어 나오지도 않았다. 시간이 늦도록 동리 선생 댁에서 정종을 마시다가 돌아와서 여관에 들어 잠을 자고 이튿날 아침에 다시 들

렀다. 동리 선생은 말끔한 정신으로 별실에 앉아 글씨를 쓰고 있었다. 서예작품을 우리에게 나누어주기 위함이었다.

나는 아직 동리 선생이 써주신 글을 소중히 보관하고 있다.

당시 동리 선생의 글씨가 한 폭에 시가 50만 원이 넘는다고 했다.

내가 동리선생을 처음 만났을 때

내가 동리 선생을 처음 만난 것은 1960년, 내가 서라벌예술대학(현, 중앙대 예술대)에 입학하던 그해였다. 면접과 실기로만 선발하던 대학의 특성 때문에 나도 동리 선생 앞에 나아가서 면접을 받았다. 이것이 나와 동리 선생과의 첫 대면이었다. 접수번호와 명찰을 달고 동리 선생 앞에 가서 앉았다. 그때 동리 선생께서 문예창작과 과장교수였다. 모든 것이 그의 생각에 달렸기 때문에 취직 면접고사 같았다.

"니 고향이 어디고?"

"포항입니다."

"아, 그래. 나는 포항 사람 별로 안 좋아한데이."

나는 깜짝 놀랐다. 그래서 불안에 떨고 있으려니 다음 질문이,

"니 작품 써서 입선한 적이 있나?"

"네, 『민국일보』 시조 입상 했십니더."

"아- 그래? 그러면 한번 외워봐라."

그래서 그때 입상한 시조 「가을」을 암송했다.

잔잔한 호수 같은 파르라니 청하늘
까마득 옛 추억의 희미한 명상 속에
떨어지는 솔방울 소리에 놀라서는 이 마음.

산꿩도 울고 넘는 비탈밭 언저리로
누나와 마주앉아 불에 콩을 튀기던
철없는 어린 시절이 도로 그려지누나.

"마, 구마 됐다. 저기 책상에 가서 글을 한 편 짓고 가거라. 제목은 「산정山頂」이다 했다."

나는 「산정山頂」이란 제목으로 갱지(지금 A4용지 크기)에다 깨끗이 써서 제출하고 돌아왔다. 그것이 동리 선생과 나와의 첫 대면이었다. 나중에 통지가 왔는데 乙류 장학생으로 입학하라는 증서였다. 나는 그때 '포항 사람 별로 안 좋아 한다.'는 그 말이 고향 가까이에서 왔으니 반갑다는 뜻이었다는 것을 나중에야 알았다.

4월에 입학식을 하고 학교에 다녔다. 그해 우리는 4 · 19를 맞아 공부도 제대로 못하고 시위에 참여했다가 흙먼지만 뒤집어쓰고 하숙집으로 도망치기 바빴다. 1년 후에는 5 · 16이 있었지만 우리는 정상 수업을 했다. 동리 선생은 소설 실기 지도를 했는데, 모두 소설 한 편씩을 써와야 학점이 나온다고 했다. 나는 「蛤殼」이란 소설을 써서 실기시간에 발표를 했다. 남기수란 학생이 내 소설을 청산유수같이 읽어서 동리 선생의 마음에 들었던 모양이었다. 바로 내 소설에 대해서 합평을 했는데, 어렵지 않게 쉽고 흥미 있는 작품이라는 평을 받았다.

동리 선생과 한국문학상

내가 1986년 23회 한국문학상을 받았다. 시집『넉넉한 밤을 위하여』를 내고 이 시집으로 한국문학상을 받은 것이다. 정말 나에게는 큰 행운이었다. 이런 행운을 쥐어주신 분이 동리 선생이니 더 이상 무슨 말을 하랴! 당시 한국문인협회 이사장이 동리 선생이셨다. 당시에 이 한국문학상 받기가 어려웠고 권위 있는 상으로 문단 등단 20년 이상이 되어야 받을 수 있었다. 마해송, 신석정, 조경희, 이원수, 이런 문인들이 이미 받은 권위 있는 상이 시골 경주에 있는 나에게 돌아온다는 것은 오직 김동리 선생의 나에 대한 큰 배려였다. 아직도 내 마음속에 그 고마움을 간직하고 있다.

그날『월간문학』신인상도 함께 시상했다. 사회를 보는 황명은 단상과 단하를 이야기하며 '한국문학상'은 단상에서 수여하게 되고 신인문학상은 단하에서 시상하게 된다고 했다. 그리고 단상에서 '한국문학상'은 20년 이상이 되어야 하는데 지금 단하에서 신인상 받는 문인은 20년 후에 다시 이 단상에서 보자고 하는 사회

제23회 '한국문학상' 시상식에서의 동리 선생

자의 말에 한바탕 웃음바다가 되었다.

동리 선생은 한국문협 이사장으로서 대회사를 하면서 이 문학상이 상금이 적어서 미안하고, 적어도 지금의 상금 배는 되어야 한다고 당시에 참석한 서울시장에게 앞으로의 협조를 당부한다고 한마디 했다.

그날 저녁에는 한국문인 송년의 밤이 있었다. 동리 선생도 참석했음은 물론이요 염보현 서울시장, 곽종원, 황명, 김후란, 신규호, 유승우 등의 시인들도 많이 참석해서 나의 수상을 축하해 주기도 했다.

나의 스승 동리선생

내가 서라벌예대 문예창작과에 입학하려고 찾아간 것이 1960년 봄, 서울 미아리 고개를 넘은 것이 나의 운명이요, 동리선생과 만나게 된 첫 계기였다. 나로 하여금 시인이 되게 한 것도 바로 동리 선생과 그 대학이었다. 김동리 선생이 그때 내가 입학하려는 창작과 과장으로 계셨다. 입학생이 모인 자리에서 동리 선생께 처음으로 내가 인사를 올렸다. 그것이 나와 동리 선생과의 첫 대면이었다.

그해 봄, 첫 수업이 시작되었다. 주로 소설 강의를 김동리로부터 받게 되었다. 시인 박목월, 시인 신석초, 평론가 조연현, 시인 김구용, 소설가 안수길, 강사로 시인 함동선 씨가 나왔다. 같이 공부했던 동급 학생으로는 김원일, 신중신, 오인문, 강수성, 유병규, 백결, 양문길, 선배로는 백인빈, 후배로는 이문구, 이동태, 이세방, 이건청 등이었다.

동급생들 가운데는 벌써 문단에 등단한 사람도 있었다. 나는 문단에 등단도 못하고 그길로 바로 군에 입대를 하고 말았다. 입대하는 날 광장에서 나는 박수일을 만났다. 그 후는 까마득히 소식도 없이 사라졌다.

봄 소풍은 광능 숲속으로 갔다. 물론 김동리 담임교수와 함께 모였으니 소위 문예창작과 모두가 모인 셈이다. 동리 선생께서 '우리는 글을 쓰는 사람이니 오늘 글 한 편씩을 써 보자'고 했다. 동리 선생께서 두운頭韻을 내는데, '서, 라, 벌' 이 글자를 시조의 첫머리에 넣어 한 수의 시조를 쓰라는 것이었다. 지금의 3행시였다. 모두 나무 밑에 앉아 열심히 썼는데, 여러 작품이 나왔다.

서슬져 외오진 비탈진 언저리로
라,라,라 하늘일랑 가슴 깊이 마시어라
벌판에 치닫는 시간 아쉬울 리 있으랴.

나중에 장원 작품을 불렀다. 이것이 바로 그날의 장원 작품인 것이다.

1979년 신라문화제 때였다. 서울에 계신 김동리 선생과 서정주 선생을 초대문인으로 모시게 되었다. 우리나라 최고의 소설가, 시인을 경주에 모신 것이다. 숙소를 천우여관으로 정하고 내일의 문학행사를 위하여 전야제를 두 분 선배 문인을 모시고 쪽샘 '향화정'에서 벌였다. 김동리 선생은 경주 출신의 작가로서 경주를 무대로 한 작품「무녀도」,「화랑의 후예」,「달」,「바위」,「까치소리」등 수많은 작품을 써서 소설가로서 최대의 영광을 누린 분으로 경주가 자랑하는 선배 문인이요, 서정주 선생은 시집『신라초新羅抄』로서 신라 정신을 작품으로 승화시켜 한국문단의 태두로 추앙을 받는 시인이다. 이 두 분을 경주에 초대하여 오시게 된 것은 경주 문인들에게 더없는 영광이었다.

그날 쪽샘 향화정(당시 경주 쪽샘에 있던 이름난 요정임)에 모인 사람들은 십여 명 정도, 김동리, 서정주 선생을 비롯하여 박주일, 이근식, 정민호, 서영수, 석병호, 설성희, 김기문 그 외에 젊은 몇 사람이 더 있었다. 저녁 무렵부터 저녁밥 대신 술상 앞에 앉아 술을 마시기 시작했다. 처음에는 화기애애한 분위기 속에서 두 선배 문인을 모시고 경주의 후배 문인들은 그동안의 여러 가지 안부를 물으면서 술을 마셨다. 그때 최고의 술은 백화수복이라는 정종이었다. 박주일 선생은 좀 늦게 찾아왔었다. 벌써 술에 젖어 있었다. 두 원로 문인에게 인사를 하는 과정부터 절반은 응석, 절반은 주정이 섞인 말투였다.

「박목월노래비 건립기념 백일장」이 열리던 날

1968년 5월 5일 어린이날에 황성공원 동편에 박목월 노래비 「얼룩송아지」 노래비를 세웠다. 이는 새싹회(회장 윤석중)에서 신시60년을 맞아 전국에 있는 시인의 고향에다 노래비를 세웠다. 마산에 이원수, 울산에 서덕출, 서울에 윤석중, 그 외 각 지역에 세워졌는데 경주에는 박목월 노래비를 황성공원에 세우게 되었다. 그때에는 전국의 문인들이 구름처럼 모여들어 대성황을 이루었다.

그때 목월은 어머니를 모시고 왔다. 아주 단정한 느낌을 주는 목월의 생모였다. 목월은 인사말에서 "얼룩송아지를 몰고 와야 하는데 나는 어머니를 모시고 왔다."고 하면서 어머니를 소개했다. 많은 사람들이 박수로 환영했다.

경주에 '푸른편지회'라는 아동문학 모임이 있었다. 제1회 때는 행사 명칭이 '박목월노래비 건립기념 백일장' 이라 하여 이 '푸른편지회'에서 주관하여 몇 회를 치르다가 경주문협으로 넘어왔다.

제1회 목월백일장이 열리던 날-전국에서 문인들이 몰려왔다.

그 대회가 나중에는 명칭을 '목월백일장'으로 바꾸었다. 이 노래비의 내용을 보면,

얼룩송아지

송아지 송아지 얼룩송아지
엄마 소도 얼룩소,
엄마 닮았네.

송아지 송아지 얼룩송아지
두 귀가 얼룩귀,
귀가 닮았네.

앞면에는 「얼룩송아지」를 새기고 뒷면에는 노래비 건립 요지를

적었다. 그것을 보면 다음과 같다,

‘이 겨레 온 어린이들이
즐겨 부르는 노래를 새긴 이 비는
신시 60돌을 기념하는 뜻에서
새싹회 후원으로 이 고장 어린이들과
뜻 있는 어른들의 정성으로
시인의 고장에 세우다.’

1968년 어린이날
박목월 노래비 건립위원회

라고 적혀 있었다. 이날 박목월노래비 건립 백일장에서 영예의 장원작품은 천북 초등학교 6학년 김옥선 양의 「돌」이란 제목의 동시가 차지했다.

돌,
돌,
돌, 중에서
주춧돌이 되고 싶다
오두막집이라도.

정용원(pen 부이사장) 선생의 말을 빌리면 “불과 다섯 행밖에 안 되는 내용이지만 가난한 우리나라를 떠받치는 주춧돌과 같은 사람이 되겠다는 갸륵한 의지가 담겨 있다.”고 했다.

경주의 목월백일장

1970년대 초, 목월 선생이 살아계실 때는 '목월백일장' 때마다 선생께서 직접 경주에 오셨다. 부부동반으로 같이 와서는 경주문인들을 격려했고, 목월 선생이 참가하는 이 행사는 더욱 관심을 가졌으며 전국의 문인들이 구름처럼 모여들었다. 서울에 신중신, 신규호, 유승우, 박동규(목월 선생 타계한 뒤 몇 번 왔었다.) 황금찬, 윤강로, 박경용, 이건청, 이명수, 권택명, 대구의 김성도, 김동극, 신송민, 이재철, 도광의, 유상덕, 최정석, 신동집, 이태수, 서종택, 박상륜, 울산의 함홍근, 김성춘, 박종해, 포항의 손춘익, 그 외에도 많은 문인들이 왔다.

그때 경주문협 회원들은 대회 준비를 위해 온 힘을 다했다. 당시 지부장이 홍영기 선생님(?), 전 회원이 당일에 사용할 도시락이며 막걸리 '말통'을 준비하느라 어념이 없었다. 그때는 도시락을 만들어 팔지 않는 시대이기 때문에 회원 5명이 자기 집에서 도시락을 20개씩 만들어 오기로 했다. 당일에 집에서 만들어온

도시락을 참석한 손님들에게 나누어주어 점심을 먹게 했다.

목월 선생의 내외는 행사 하루 전에 경주에 도착했다. 경주관광호텔(지금은 무너지고 없음)에 여장을 풀고 우리를 불렀다. 연락을 받은 우리는(주로 이근식, 정민호, 서영수, 김기문) 숙소로 찾아가 인사를 드리고 그날 저녁에는 꼭 술을 싸주었다. 경주의 몇몇 문인들은 내일 백일장 행사 준비차 통술집에 모였다. 의논을 마치고는 밤새도록 술을 마셨다. 불국사에 가자는 누구의 제안이 있어서 술을 가득 싣고 택시를 몰아 불국사로 갔다. 불국사 입구 가까운 도로 길섶에 술자리를 펴고 한창 마시다보니 날이 훤하게 밝아오고 있었다. 밤새워 마신 것이다. 마침 목월 부부가 불국사 아침 산책 나오다가 우리를 보고 질색을 했다는 것이다. 그것은 우리들이 밤새워 술을 마시고 사람을 못 알아볼 정도가 되어 길바닥에 누워 있었다는 것이다. 목월 선생이 우리를 깨우는 바람에 일어나서 시내로 들어왔다. 시내에 들어와서 다시 팔우정 해장국집에서 해장국 한 그릇씩을 먹고 목월백일장 행사에 참가했다. 목월 선생은 그때부터 경주 문인들의 술 실력을 인정해 주었다.

그날은 마침 비가 내렸다. 아침부터 부슬비가 내리는 통에 행사가 제대로 되지 않았다. 겨우 백일장 개막식을 끝내고 참가한 학생들이 흩어져 글을 쓰려는데 비가 내리는 것이 아닌가. 아이들은 나무 밑으로 혹은 운동장 스탠드 밑으로 비를 피하여 글을 지었다. 보통 아침 10시부터 시작하여 12시쯤이면 작품을 거두고 점심을 먹는데 그날은 점심도 먹는 둥 마는 둥 작품을 모아서 신라중학교 교실을 빌려 심사를 시작했다. 목월 선생은 처음부터 심사에 참여하여 끝까지 하나하나 살피면서 최고상을 뽑을 때는 다른 문인들과 합의하여 최종적으로 결정을 내렸다. 최고상은 '목월상'으로 초등학교 저학년, 고학년 중학교 각각 1명씩을 뽑았다. 고등부는 그 후 목월 선생이 작고한 다음 박동규 교수에 의해 신설되었다. 시상식 때는 목월 선생이 직접 시상하고 수상 학생을 불러 하나하나 물으면서 당시 '삼중당'에서 발행한 목월전집을 한 아름씩 상으로 주기도 했다.

서울, 목월 댁을 찾은 경주의 문인들

이근식, 서영수, 정민호 세 사람이 서울에 간 일이 있었다. 이근식, 서영수 선생이 문단에 등단한 뒤였다. 우리는 목월 선생 자택으로 찾아갔다. 그때 선생님께서는 한양대학교 문리대 학장으로 있었고 『심상』지도 활발하게 발행되고 있을 때였다. 원효로에 들르니 목월 선생은 한양대 부속병원에 입원해 있었다. 우리는 목월 부인과 함께 병문안을 가기로 했다. 그때만 해도 보기 드문 자가용 승용차를 귀하게 여기던 70년대에, 우리는 목월 선생의 차를 타고 병원에 들렀다. 목월은 병원 침대에 누워 우리를 맞으면서 그의 병이 별것 아니라고 했다 . 그리고 오늘 퇴원한다고 했다. 병원에 앉아 여러 가지 문학이야기, 문단 이야기를 나누다가 '심상사心象社'로 갔다. 목월 선생 내외는 집으로, 이근식 선생과 서영수는 또 다른 볼일로 가고, 나는 목월 선생이 미리 연락해 둔 '심상사'에 갔다. 마침 이건청 시인이 있었다. 그는 그때 『심상』지 주간이었다. 그는 반갑게 나를 맞으면서 목월 선생으로부터 연락을 받았다고 했다. 전화로 술과 안주를 시켜서 우리는 술을 마셨다. 마침 이채형이 서울에 와서 취직이 되어 있었다. 나는 곧 전화를 했다. 이건청, 이채형, 나 세 사람은 엄청나게 술을 마셨다. 문예지 사무실에서 문인과 주간이 술을 마신다는 것은 그 당시 풍조로 보아 드물다고 채형은 말했다. 문인이 문예지 주간을 찾아 술을 사는 게 그때의 풍조였다. 그러나 이번은 그 반대였다. 우리는 그냥 종일 술대접을 받고 저녁 늦게까지 이채형과 함께 어디론가 갔었는데 지금은 기억할 수 없을 정도로 마셨다. 깨어 보니 어느 여관에서 이채형과 자고 있었던 것밖에 더 기억할 수가 없었다. 채형이는 그때 서울에서 첫 직장생활로 어려울 때였다.

목월 선생은 1978년 3월 부활절이 가까운 어느 날 아침, 산책을 마치고 돌아와서 62세를 일기로 조용히 우리 곁을 떠나고 말았다.

목월 부부, 경주를 찾던 날

목월의 부인 유익순 여사는 충청도 공주公州 분으로 목월과 만나게 된 동기와 사연이 있었다. 유 여사는 그의 형부가 경주 동부금융조합(농협의 전신)에 근무하고 있었던 때였다. 언니 집에 와 있던 처녀와 금융조합 직원인 목월 사이는 자연스럽게 가까워져 자주 오가고 하다가 결국 결혼을 하게 되었다는 것이다. 유 여사의 형부가 경주에서 좀 떨어진 기계 금융조합에 있을 때 목월은 경주에서 기계까지 자전거를 타고 가서 처녀를 만났다고 했다. 이런 이야기는 목월과 유 여사의 이야기를 듣고 내가 기술하는 것이지만, 기계는 그분들의 연고지라 오늘에 와서 당시를 회상할 수 있는 좋은 곳이기도 했다.

우리는 목월 생가에 도착했다. 당시 초가삼간의 초라한 집이었는데 지금은 다른 사람(손세익 씨)이 살고 있었다. 초가지붕을 벗기고 슬레이트를 덮었으며 담을 블록으로 쌓았어도 형태만은 그대로 남아 있었고 구조는 모두 개조하여 낯설게 되어 있었다. 고향집을 찾은 초로의 신사 목월은 그때의 감회를 못 잊는 듯 구석

구석 찾아다니며 그때의 추억을 회상하는 듯 우리에게 그때의 상황을 설명하여 주었다. 때마침 그 마을에 살고 있다는 목월의 어릴 때 친구 우씨라는 사람이 찾아왔었다. 서울서 온 친구를 만나려고 두루마기의 앞섶과 동정 끝에 고운 때가 묻은 무명 두루마기를 차려 입고 머리에는 갓까지 쓴 모양이 촌로 그대로였다. 그는 목월의 손을 정답게 잡으며 "아이고 이게 누꼬. 영좌이(영종이) 아이가. 응?" 하고 순수 그대로 나누는 경상도식 인사였다. 목월은 "그래, 잘 있었나. 자주 못 와서 미안하다." 하니, 그는 "아니데이 니는 마, 라디오에 자주 나오데이. 그리고 읍내 텔레비전에도 자주 나온다 카데이. 그게 마 고향 오는 게 아이가." 했다. 함께 간 사진 기자는 열심히 사진만 찍어댔다. 우리는 그 집 방문 앞에 둘러서서 목월의 소년 시절의 이야기를 듣고 있었다. 마을 아이들이 몰려와서 서울서 온 시인의 얼굴을 연거푸 훑어보고 있었다. 살구정[杏亭] 들판 밭둑에서는 송아지들이 뛰어놀고 초가을 고운 햇살이 목월이 입고 있는 코트 자락에 자꾸 떨어지고 있었다. 돌아오는 길에 어떤 늙으신 할머니 한 분을 만났다. 목월은 공손히 인사를 했다. 할머니는 말을 낮추고 목월은 공대를 했다. 아마 어머니의 친구인 듯했다. 목월 어머니의 안부를 묻는 걸 보니. 목월은 지갑에서 오천 원권(당시 최 고액권) 몇 장을 뽑아 할머니께 건네주었다. 그 할머니는 처음 보는 고액권에 놀란 듯이 한참 사양하다가 받았다. "마을 어른 분들, 막걸리라도……." 했다.

우리는 그날 경주로 돌아와서 고궁다방에 들러 차 한 잔씩을 했다. 그리고 기계에 가기로 했다. 기계는 목월 내외가 젊은 시절 처음 만난 곳으로 그들에게는 잊지 못할 곳이었다. 목월 내외는 대뜸 "기계에 아직 서숲, 동숲이 있나?" 했다. 나는 그렇다고 했다. 저녁 무렵이 되어 우리 일행은 기계에 도착했다. 기계에는 이건춘, 이동우, 이진형, 류형곤이 살고 있었다. 나와는 막역한 사람들이다. 거기에 가면 그들을 만날 수 있을 것 같았다. 기계면 소재지는 현내동이었다. 느지막하게 도착하니 비가 내리기 시작했다. 일행은 허름한 식당에서 저녁을 먹고 거기에 있는 기계 친구들에게 연락을 했다. 곧이어 이건춘, 이동우가 뛰어왔다. 목월 선생께 인사를 하고 기계에서 유일한 여관에 안내되었다. 지금 생각하면 그 여관은 요즈음 "민박" 수준의 여관이었다. 아궁이에 장작불을 지펴서 뜨끈뜨끈했다. 그 마을 청년들이 몰려와서 인사를 하고 목월에게 시 구절을 청하여 적어 달라고 했다. 그들은 흰 종이와 사인펜(그때 처음 그런 것이 나왔다.)을 가져와서 목월의 시 구절을 사인으로 받아 갔다. 우리는 밤이 늦도록 막걸리를 마셨다. 이근식, 정민호, 이건춘, 이동우, 류형곤은 이쪽 방에서 술을 마시고 목월 부부는 일찌감치 저쪽 방에서 쉬고 있었다.

이튿날이 기계 장날이었다. 오는 날이 장날인 셈이다. 문성, 고지, 성계, 지가, 화대에서 쇠달구지가 나오고 길 따라 하얗게 사람들이 걸어오고 있었다. 그날 촬영은 아주 좋았다. 동숲과 서숲 길을 따라가는 흰옷 입은 사람들, 먼 산등을 사진에 담고 있었다. 나는 목월이 쓴 「기계杞溪 장날」이란 시가 생각났다.

> 보레이 보레이 자네,
> 사람 한평생
> 이러쿵 살아도
> 저러쿵 살아도
> 시쿵둥하구나.

누군
왜 살아, 사는가.
그렁저렁
그저 살믄
오늘 같은 기계장도 서고.
〈중략〉
오늘 같은 날은
지게목발 받쳐놓고
어슬어슬 산비알 바라보며
한잔 술로
소회도 풀잖는가.
다 그게
기막히는 기라
그게
다 유정有情한 기라.

— 박목월의 「기계杞溪 장날」의 한 부분

목월과 조지훈과 산수유나무

박목월 선생은 대구 계정학교를 졸업하고 구한 첫 직장이 경주 '동부금융조합'이었다. 오늘날의 '농협'전신이다. 1939년에 목월이 『문장』지에 정지용의 추천으로 세상에 알려지게 되었다. 그때 동시同時에 추천을 받은 세 사람이 바로 청록파 시인들이었다. 조지훈은 서울에 있으면서 『문장』에 등단을 하고 경주의 박목월을 처음 알게 되었다.

서울에 있는 조지훈이 박목월을 한번 만나보고 싶었다. 그래서 서울에 있는 조지훈은 경주에 있는 박목월에게 긴긴 사연의 편지를 보냈다. '목월, 당신을 꼭 만나보고 싶다.' 는 내용의 편지였다. 이 긴 사연의 편지를 받은 목월은 불과 한 줄밖에 안 되는 답장을 써 보냈다.

'지금 경주박물관에는 샛노란 산수유꽃이 피었습니다. 늘 혼자 가서 보던 것을 임과 함께 볼 것을 기약하면서 오실 때 전보 주십시오.'

목월은 편지를 보내고 조지훈이 경주에 온다는 전보를 기다리

박목월과 조지훈

고 있었다. 얼마 후에 서울서 조지훈으로부터 전보가 날아왔다. 며칠날, 몇 시에 경주 도착이라는 전보를 받고 목월은 그날 그 시간에 맞춰 역으로 나갔다. 서로 얼굴을 모르는 사이이므로 목월은 기다란 확대 끝에 '朴木月'이란 깃발을 달고 역 광장에 나가서 있기로 했다. 시간이 되어 조지훈은 역에 내려 목월의 얼굴을 상상하면서 역 구내로 나오는데 어느 한 사람이 광장 구석에서 깃발을 들고 서 있었다. 그래서 두 사람은 쉽게 만날 수가 있었다. 박목월의 첫 시집 『산도화山桃花』의 발문을 조지훈 시인이 썼기 때문에 이 두 사람의 관계가 세상에 알려지게 되었다. 경주의 문인들은 여기에 등장하는 '산수유'나무를 잘 알고 있다. 70년이 지난 오늘에도 고목이 되어 '경주문화원' 뜰에 서 있다. 지금 '경주문화원'으로 쓰고 있는 이 건물은 본래 조선 말까지 경주부윤의 동헌東軒 자리였다. 일제강점기에는 경주군으로 행정구역이 바뀌면서 국립박물관 경주분관으로 사용하면서 이 지역의 문화 유물유적을 보관하여 전시하던 것으로 소위 '경주박물관'이었다. 이

때부터 이 경주박물관에는 샛노란 산수유꽃이 이른 봄에 피어 새봄을 알리는 전령사 역할을 했던 것이다. 목월이 지훈에게 쓴 글 속에 이 산수유꽃이 등장한다. 그때는 샛노란 꽃이 피어 봄을 알렸을 뿐 아니라 시인들의 시집에도 등장하는 중요한 문화유산이 되었다. 지금 '경주문화원' 뜰에 가 보면 산수유가 고목이 되어 가지를 옆으로 뻗고 언제 어느 때 뽑혀 나갈지 모르는 운명에 놓여 있다. '경주문화원'에서는 이 고목이 된 산수유 노목老木을 늦게나마 잘 보호하여 그 목숨이 다할 때까지 보존했으면 하는 마음이 간절하다.

그때 그 '산수유' 지금의 모습

목월도 가고
지훈도 가고
산수유
너만 홀로 70년,

먼 세월로 남아서
해마다 꽃 피우며
그때를 이야기하고 있구나.

졸작 「산수유에게」

목월의 첫 시집『산도화山桃花』

내가 목월의 첫 시집『산도화』를 손에 넣은 것은 내 인생의 획기적인 운명적 사실이었다. 그때가 고등학교 2학년 때, 그 시집을 입수한 것도 우연한 일로부터 시작된 것이다. 시집 표지를 잡고 한참 보고 있는데, 표지 첫머리에 '詩集 山桃花'로 적혀있고 표지 오른쪽에는 '四二八八年 十二月 朴木月'이라고 시인 자필의 서명이 적혀 있었다. 그러니 서기로 1955년에 발행된 시집이란 뜻이었다. 나는 이 시집을 들고 학교의 나무 그늘, 교실, 심지어는 화장실에서까지 앉아서 시를 읽게 되었다. 그러니 이 작은 시집 속의 시들을 죄다 외우고 있었다.

머언 산 青雲寺
낡은 기와집

山은 紫霞山
봄눈 녹으면

오리목
속잎 피는 열두 굽이를

청노루
맑은 눈에
도는
구름

— 목월의「청노루」

나는 이 시를 읽고 이 시의 순수감정에 놀라고 말았다. 이런 자연 속에서 이런 시를 빚은 시인은 얼마나 행복할까? 나도 이 시 속에 나오는 자하산 속에 있는 청운사를 찾아가고픈 충동을 느꼈다. 그래서 우선 자하산은 어디 있는 산이며, 청운사는 어떤 절인가 하고 친구들에게 묻기 시작했다. 그러나 아무도 이런 산과 절을 아는 사람은 없었다. 그것은 시 속에 나오는 산이며 절이라는 사실을 나중에야 알았다.

이 시집에는「나그네」라는 시가 있다. 이 시는 조지훈과의 만남에서「완화삼」이란 지훈의 시에 화답하는 시라는 사실도 알게 되었다. 지훈의 '강물은 흘러 칠백 리'가 목월은 '남도 삼백 리' 라는 시로 화답했던 작품이다. 시를 주고받으면서 화답하는 일을 요즈음은 볼 수 없지만, 이 시대의 시인들은 이렇게 멋지게 살면서 시를 썼다는 사실도 알 수 있었다.

이 시집 뒤에는 발문이 나온다. 오늘날 '해설'과 같은 것이다. 첫 번째가 박두진, 다음으로 조지훈, 황금찬 이런 순으로 되어있었다. 가장 마음을 담아 쓴 발문이 조지훈의 글이었다. 지훈이 발문을 쓴 연도가 을미년으로 되어 있으니 1955년의 일이었다.

제2부

박목월, 서정주 그리고…

내가 대학에 들어갔을 때 박목월과 김구용 선생과 서정주 선생이 교수로 강의하러 나오셨다. 주로 시 실기 위주로 수업을 받았고 가끔 작품을 칠판에다 써서 발표하면 작품 평을 해주는 것으로 수업이 시작되었다.

한번은 미당 선생의 시 실기 시간에 시 한 편을 쓰고, 작품 옆에 '鄭旼浩'라고 썼는데, 미당께서 '旼'자가 의문이 났던 모양이었다. 그래서 미당은 시치미를 떼면서 "혹시 '문'자는 아니겠지?" 했다. 수업이 끝나면 몇 사람이 교문 앞에 있는 대폿집에서 학생들과 같이 막걸리를 한잔씩 마시고 버스를 타고 가시던 모습이 지금도 선하다.

나를 『사상계』를 통하여 문단에 내보낸 분이 목월과 지훈과 그리고 송욱 선생이었다. 나의 시 「이 푸른 강편의 연가」를 보고 세 분께서 무척 의논이 많았던 것 같았다. 짐작에 목월과 지훈 선생은 나를 밀고 송욱 선생은 불만이 좀 있었던 것으로 나는 지금도 느끼고 있다. 시상식에 목월 선생은 안 오시고 지훈 선생이 오셨다. 그때도 건강이 안 좋아 보이더니 그것이 마지막으로 지훈 선생은 곧 작고하셨다. 그것이 지훈 선생과 나와의 처음이요 마지막이었다.

김구용 선생은 내 시를 참으로 좋다고 몇 번이나 칭찬한 적이 있었다. 그래서 나는 김구용 선생을 무척 따랐던 것으로 생각된다. 내가 경주에 와 있을 때 신라문화제 때 한 번 초대하여 경주의 시인들과 함께 어울리는 기회도 가졌었다. 나의 제 2시집 『강변의 연가』의 표지의 제자까지 써주셨다. 그의 특이한 필체는 아직도 나를 뭔가 깨닫게 하고 있다. 함동선 시인은 그때 강사로 오셨는데 주로 시론을 담당했다. 서라벌예대가 중앙대학과 합병되고 난 뒤에 김동리 선생은 문창과 과장으로 가셨고, 함동선 선생도 중앙대학교 문창과로 가시고 목월 선생은 한양대학으로 가셨고, 김구용 선생은 성균관대학에 그대로 계셨던 모양이었다.

지금은 다 돌아가시고 나를 시인으로 만든 분들로 내 기억 속에만 남아 있을 뿐이다. 나는 아직도 그때 서라벌예술대학의 교수들을 잊지 못하고 있다. 그것은 그들이 모두 당시 현역 문인들이었기 때문이다.

나를 시인으로 만든 사람 -박목월선생

내가 서라벌예대 문예창작과(중앙대 예대 문예창작과)에 간 것은 박목월 선생이 그 대학에 교수로 계셨기 때문이었다. 내가 우연히 영웅출판사에서 출간된 박목월의 시집 『산도화山桃花』(1955간)' 한 권을 구했다. 나는 그 시집을 읽으면서 시인 박목월을 보는 것같이 무조건 좋아서 그를 마음속에 사사私事하기 시작했다. 작품「청노루」,「밭을 갈아 콩을 심고」,「윤사월」,「산이 날 에워싸고」등이 그것이었다. 마침 고3이 되어 대학 입학요강을 얻어 보니 박목월, 김동리가 그 학교에 교수로 나가고 있었다. 나는 무릎을 치면서 '여기다' 하며 마음을 굳게 먹었다.

내가 서라벌예대 입학을 위해 찾아간 것이 1960년 봄. 서울 미아리 고개를 넘은 것이 나의 운명이요, 나로 하여금 시인이 되게 한 바로 그 대학이었다. 김동리 선생이 창작과 과장으로 계셨다. 입학생이 모인 자리에서 동리 선생께 처음으로 인사를 했다. 그것이 나와 동리 선생과의 첫 인연이었다.

그해 봄, 첫 수업이 시작되었다. 학장은 임동권, 교수로는 김동리로부터 시인 박목월, 시인 신석초, 평론가 조연현, 시인 김구용, 소설가 안수길, 강사로 함동선 시인이 나왔다. 같이 공부했던 동급 학생으로는 김원일, 신중신, 오인문, 강수성, 강성수, 유병규, 백결, 양문길, 선배로는 백인빈, 후배로는 이문구, 이동태, 이세방, 이건청, 등이었다. 동급생들 가운데는 벌써 문단에 등단한 사람도 있었다. 나는 문단에 등단도 못하고 그길로 바로 군에 입대하고 말았다. 입대하는 날 광장에서 나는 박수일을 만났다. 그 후는 까마득히 소식도 없이 사라졌다.

1966년 내가 『사상계』 신인문학상에 「이 푸른 강변의 연가」로 당선될 때, 심사위원이 박목월, 조지훈, 송욱이었다. 그래서 다시 한 번 박목월 선생과 인연을 맺게 되었다.

(1)
이것이 하나의 과정일까 형산강兄山江 물
언덕 위엔 몇 그루 능금苹果나무 숲들,
시나브로 지고 있는 잎들의 내부로
10월의 바람은 허리에 둘려 화사스런 말씀을 낳고
돌아가는 자국마다의 길목에 빗물이 내릴 때
저기 비에 깔린 선로를 밟고 어디로 갈거나
가서 맞닿는 산과 들
전쟁이 오가던 수수밭을 지나서
연이어 간지럼 필 수 없는 신기루蜃氣樓 위에
저뭄이 찾아와 지평선은 또 하루를 덮는다.

– 당선작 「이 푸른 강변의 연가」 〈1부분〉

나를 문단에 내어주신 분은 박목월 선생이요 나를 시인으로 성장하게 도움주신 분은 문덕수 교수였다. 나는『사상계』시상식을 마치고 용산구 원효로에 있는 목월 선생댁으로 갔다. 마침 박용래가 와 있었다. 목월 선생께서 "용래다, 인사해라"하셨다. 나는 대전에 있는 박용래를 그렇게 만났다. 목월 선생님께서 나를 한참 보더니 "지금 보니 정민호가 너였구나!" 하며 기뻐하시던 그 모습 지금도 잊을 수가 없다. 그 후, 박목월 얼룩송아지 노래비 제막식에 오셔서 다시 나를 많은 사람들에게 소개해주시고 그다음부터는 해마다 목월백일장에 오셔서 함께 작품 심사도 했다.

1986년 시집『넉넉한 밤을 위하여』를 냈다. 이 시집이 문단에 알려져 이것으로 등단 20년 만에 23회 한국문학상(1986년)을 수상하게 되었다. 그때가 마침 김동리 선생이 한국문인협회 이사장으로 계시던 때였다. 나는 다시 한 번 동리 선생의 은혜를 입게 되었다.

신인문학상에 직접 은혜를 주신 목월, 동리 선생께서 나의 문학에 직접적인 영향을 주셨다. 고마운 분들이다. 지금 내 나이 70이 되어서도 목월의 그 늠름한 시인적인 풍채를 잊지 못한다. '어느 날 갑자기' 목월 선생 생각이 났다.

선생님,
선생님의 40대 제자인
정민호도
나이 벌써 70을
넘겼습니다.
선생님,
세월이 참
빠르지요.

여기는
*눈과 비가 오는 세상,
세월이 너무 흐뭇하여
어쩜
눈물이 나려고 합니다.

선생님,
세월이 참,
참 빠르지요.

– 필자의 시 「어느 날 갑자기」의 전문

*목월의 시에서 인용.

나는 이 시를 써놓고 한참이나 멍하니 앉아 그때를 회상했다. 이렇게 많은 문인으로부터 배우고 은혜를 받았는데, 나는 한 사람에게도 은혜와 영향을 주지 못함을 안타까워한다. 그래서 나는 항상 죄지은 문인으로 이렇게 살고 있다.

한국시인협회 경주세미나 개최

박목월 선생이 '한국시인협회' 회장으로 있을 때 시인협회 세미나를 경주 유스호스텔에서 개최한 바 있다. 대회를 개최하기 1주일쯤 전에 목월께서 경주에 오셔서 정민호, 서영수, 이근식 시인을 찾았다. 우리 셋은 목월 선생을 모시고 시청으로 시장을 방문하러 갔다. 그때 목월 선생은 육영수 여사의 교양 지도를 위해 청와대에 출입할 때였다. 사전에 연락을 하였을 뿐인데 시청은 야단법석이 난 것이다. 목월 선생은 청와대 출입이라는 그 하나만으로도 모르는 사람이 없었다. 시장을 만나고 시협세미나를 경주에서 열게 되었다는 것과 시장의 리셉션이 있어야 한다는 내용까지 전달하고 돌아왔다. 우리는 시장실에서 동리 선생의 이야기도 나누며 당시의 한국문단에 동리와 목월이 있다는 자부심도 함께 느끼고 돌아왔다.

당일이 되었다. 전국의 시인들이 구름처럼 모어들어 대성황을 이루었다. 목월은 대회사에서 '여기 경주는 나의 고향'이란 말을 강조하였고, 당시 경주시장의 환영사와 리셉션에서는 우리 경주

한국시협세미나 경주기념(가운데 선 분이 목월과 박남수 시인)

가 '동리, 목월 같은 문인을 배출한 곳' 이라는 것을 특히 강조하였다.

밤에 많은 회원들이 시내로 흩어졌다. 특히 쪽샘이 어디냐고 물어서 술을 마시는 회원들은 모두 쪽샘으로 몰려갔다. 특히 대전에 있는 박용래는 자정이 넘도록 술을 마시고 호텔방에 들어와서 우는 바람에 그 방에 자는 사람은 잠을 한숨도 못 잤다고 아침에 투덜대기도 했다. 많은 회원들이 '경주의 쪽샘'을 되새기며 돌아갔다.

황성공원에 박목월 노래비 '얼룩송아지' 서 있다. 경주문협에서는 경주 출신 목월이 시비는 없고 노래비만 서 있는 것을 안타까이 생각하고 있었다. 경주문협 회원들이 고심하고 있을 때 보우문화재단 김재식 사장이 뜻을 모아 박목월 노래비를 건립하도록 했다. 김재식은 그 당시 '보우공사'란 주택사업을 하는 분으로 문

경주에 시인협세미나가 열리던 날

화에도 상당한 관심을 가지고 있었다. 경주문협 회원들이 목월시비가 없음을 한탄한다는 말을 듣고 '목월시비' 건립에 대한 의견을 제시해 왔다.

장소는 보문호반 주변, 현재 현대호텔이 있는 호숫가에 세우기로 했다. 당시 한국문협에서도 많은 문인들이 호응해 오기도 했다.

이 시비는 이동호 조각가가 설계하고 보우공사 사장이 공사비를 충당하여 훌륭하게 건립했다. 반달 모형으로 조각되어서 시비 앞면에는 목월의 초기 시 「달」이 새겨져 있다. 글씨는 목월이 직접 쓴 붓글씨로서 목월 선생이 생전에 허영자 시인에게 준 것으로 간직하고 있다가 이때에 확대하여 앞면에 배치했던 것이다.

어느 날 목월시비 앞에서(좌,장윤익,이근식,정민호,이석,박곤걸 제씨)

달

배꽃가지
반쯤 가리고
달이 가네

경주군 내동면
혹은 외동면
불국사 터를 잡은
그 언저리로

배꽃가지
반쯤 가리고
달이 가네.

– 첫 시집 「산도화」에서

작고한 사람의 시비에 작자 자필로 쓴 시가 있는 것은 아직 보지 못했다. 다행히 허영자 시인이 목월의 자필을 받아 가지고 있다가 이때 가져와서 요긴하게 시인의 자필을 새긴 것이다.

경주를 찾는 시인들은 자주 목월의 시비를 찾는다. 그럴 때마다 이 보문호수에 가서 목월시비를 소개하기도 한다.

목월의 시 「하관下棺」을 읽으며

목월은 아우님이 한 분 있었다고 한다. 이름은 박영호, 내가 대학 1학년 때 목월 선생은 이 「하관」이란 자작시를 해설해주었다. 나는 목월의 시 이야기를 듣고 마음이 뭉클함을 느꼈다. 나도 그런 경우가 있었기 때문이다.

목월의 아우님은 박영호, 그도 시를 썼다고 한다. 문단에 등단한 시인은 아니지만 무척 문학을 좋아하고 그의 형님의 시를 더욱 좋아했다고 했다. 나는 한 번도 박영호 님의 시를 보지는 못했지만 아마 좋은 시를 쓰고 있었는지도 모른다. 목월의 아우 님은 폐결핵을 앓다가 작고했다고 한다. 그가 죽어서 장례를 할 때 하관례下棺禮에서 그 느낌을 간직했다가 이 시를 쓴 것 같다. 그 「하관下棺」이란 시를 한번 보자.

> 관棺이 내렸다.
> 깊은 가슴 안에 밧줄로 달아 내리듯.
> 주여,

용납하옵소서.
머리맡에 성경을 얹어 주고
나는 옷자락에 흙을 받아
좌르르 하직下直했다.

그 후로
그를 꿈에서 만났다.
턱이 긴 얼굴이 나를 돌아보고
형님!
불렀다.
오오냐. 나는 전신全身으로 대답했다.
그래도 그는 못 들었으리라.
이제
네 음성을
나만 듣는 여기는 눈과 비가 오는 세상.

너는
어디로 갔느냐.
그 어질고 안쓰럽고 다정한 눈짓을 하고,
형님!
부르는 목소리는 들리는데
내 목소리는 미치지 못하는,
다만 여기는
열매가 떨어지면
툭 하는 소리가 들리는 세상.

— 목월 「하관」 전문

가까운 사람과 사별을 해 본 기억이 있다면 박목월의 시 「하관下棺」은 쉽게 읽힌다. 그것도 매장례埋葬禮를 치러봤다면 그 느낌은 더욱 선명할 것이다. 시인은 어느 대담에서 이 시를 이렇게 설명했다.

'1년 동안 거의 아우의 죽음을 잊고 있다가, 꿈에 아우가 자주 나타나더군요. 그 1년 동안 한 줄씩 시가 되어가고 있었습니다만…… 1년쯤 흐르니까, 아우가 죽었을 때 받았던 날 그것대로의 슬픔이 가라앉고 아우가 죽었다는 사실 자체가 말갛게 그저 바라보일 뿐이었습니다.'

목월 선생께서 수업시간에 제목인 「하관」만 칠판에 쓰시고 그 내용은 낭독으로 들려주었다. 이 시는 쉬운 구조로 되어 있기 때문에 쉽게 귀에 들려오고 이해하기가 좋았다. 사람이 죽어서 매장을 할 때 꼭 이 하관례가 있다. 이때에는 가까운 모든 사람들이 곡을 하고 상주가 옷자락에 흙을 담아 갱坑 안에 주르륵 붓는 장례의 한 형식이다. 이것이 생과 사의 마지막 이별이다. 이런 장면을 경험했거나 직접적으로 해본 사람은 당장 떠오르는 이미지가 이 '하관'이란 시일 것이다.

나도 이러한 광경과 경험이 있는 사람으로 무엇보다 목월의 '하관'이 이해가고 애틋한 마음까지 생기게 된다. 이 시의 첫 연만 읽어보아도 기독교인이란 걸 당장 알 수 있다. 일반적으로는 하관이라 하면 관 위에 명정을 덮는 것이 보통이다. 그러나 여기서는 성경을 얹었다고 했다. 제일 끝 연에

형님!
부르는 목소리는 들리는데
내 목소리는 미치지 못하는,
다만 여기는
열매가 떨어지면
툭 하는 소리가 들리는 세상.

이 연에서는 이승과 저승을 구분하는 확실한 분기점이 나타나 있다. 저승에서 부르는 '형님–' 이란 말은 들을 수가 없기 때문에 이승과 저승이 확연히 다르다는 것이다.

열매가 떨어지면
툭 하는 소리가 들리는 세상.

여기가 바로 이승인 것이다. 목월 선생이 이 시를 설명할 때 '툭 하는 소리가 들리는 세상' 이 구절은 아무래도 내 것이 아닌 것 같다는 말을 하였는데, 그 말을 나는 아직도 이해하지 못한다.

목월, 그 젊은 날의 방랑

목월은 젊은 날에 일본의 어느 예술학교에 다녔다는 이야기를 수업시간에 한 적이 있었다. 일본에 유학한 셈이다. 한방에서 세 사람이 하숙을 하고 있었는데, 아주 작고 허름한 방이라서 낮에도 방에 들어가면 얼굴마저 분간하기 어려울 정도로 어두운 방이라고 했다. 이 세 사람은 각각 예술의 경지가 달라서 목월은 시를, 한 사람은 미술을, 또 한 사람은 바이올린을 공부하고 있었다고 했다.

한번 학교에서 돌아와 방문을 여니 그 바이올린을 켜는 바이올리니스트의 손이 어둠 속에서 하얗게 오르내리고 그 바이올린의 선율만이 방안에서 들려왔다는 말이 참 실감이 가는 말이었다. 각각 다른 예술의 분야에서 공부를 하지만 마음과 뜻은 참으로 맞았다는 이야기를 덧붙여 말해주었다. 그리고 목월은 곧 귀국을 하고 고향 모량에서 농사를 돕고 있었다고 했다.

한번은 보릿가을이 되어 보리를 타작하여 가마니에 넣어 우마차에 싣고 머슴과 함께 읍내 보리 공출을 대러 갔다고 했다. 읍

사무소 보리 공출장에서 막 나오려는데 등을 치는 사람이 있었다. 돌아다보니 일본에서 함께 공부하던 그 바이올리니스트와 화가였던 것이다. 그들이 하는 말이, "우리 동해 바닷가로 무전여행 떠나지 않으련?" 했다. 좋다고 찬성을 하고 함께 무전여행을 떠나려고 같이 온 머슴은 우마차와 함께 집으로 돌려보내고 공출대고 받은 돈을 가지고 세 사람이 무전여행을 떠났다. 우선 포항에 가서 흥해를 거쳐 청하, 강구, 영덕, 그냥 바닷가를 걸어서 북상하는 것이었다.

가다가 날씨가 더우면 나무 그늘에 앉아서 시를 짓고 바이올린을 켜고 그림을 그리면서 하염없이 여행하는 것이다. 가다가 어느 시골 소학교에 들러서 이이들에게 바이올린을 켜주고 동시를 읽어주며, 전경을 스케치 해주고 아이들과 함께 그늘에서 노래도 부르다가 학교에서 주는 몇 푼의 사례금을 받아서는 또 길을 떠났다고 했다.

이때만 해도 얻어먹는 사람이 많았다. 소위 '등금쟁이' 라는 걸인패들이 있었는데 그들과 어울려서 때로 긴 이야기를 나누며 인생의 긴 여정을 들려주기도 했다. 마치 인생의 긴 나그네와 같았다.

강나루 건너서
밀밭 길을

구름에 달 가듯이
가는 나그네

길은 외줄기

남도 삼백 리

술 익는 마을마다
타는 저녁놀

구름에 달 가듯이
가는 나그네

박목월의 이 「나그네」라는 시가 이 무전여행과 꼭 어울리는 작품이라고 그때 목월 선생은 이야기했었다. 그 외에 많은 이야기가 있다고 했는데 마침 시간이 끝나서 그다음 이야기는 듣지 못했다.

한국문단의 큰 산맥 -동리와 목월

박목월, 김동리, 모두 경주 출신의 문인으로서 우리나라 문단에 시와 소설의 두 산맥을 이루는 분들이었다.

1950년대부터 신춘문예 심사위원, 문예지 추천위원으로 한국문단의 거장 자리를 차지해 왔다. 그들은 한국문단에 수십 년 동안 원로로서 추앙을 받았다. 1970년대 와서 한국문단은 문협의 패권 다툼 때문에 몇 줄기 유파로 갈라지기 시작했다. 한국문협 이사장으로 박종화 선생의 장기 집권이 끝나고 이어 김동리 선생, 서정주 선생, 조연현 선생으로 내려오면서 문협을 놓고 각축전을 벌이는 등, 한국문단에는 말썽이 끊이지 않았다. 그렇게 해서 1970년대의 문단은 대가들의 싸움으로 시작하여 싸움으로 끝났다. 이런 와중에서 오직 목월은 한국시인협회만을 맡아 문협의 싸움에서 초연했다는 정평을 듣고 있었다. 게다가 목월은 그때 청와대를 출입하는 소위 계관시인으로 부상하게 되었다. 세상 사람들이 목월을 청와대 가정교사라느니 영부인 교양지도 교사라느니 말도 많았다. 나중에 전해진 말이지만 영부인의 전기인 『육영수 여사』 집필로 상당한 물의가 있었던 것으로 당시 문인들 사이에 여러 가지 말들이 전해지고 있었다. 또 문단 측근으로부터 이런 말도 오가고 있었다. 청와대에서 목월이 육영수 여사를 만나니 영부인이 "내가 선생님께 하나 해드리고 싶은 것이 있는데 어떻게 하시겠습니까?" 했다고 한다. 그것은 어떤 장관에 해당하는 요직을 말하는 것이었다. 목월은 순수한 시인으로서 모든 권력 밖에 있고 싶었던 것이다. 목월은 "정말 나에게 해주고 싶은 것이 있다면 아직 시집을 못 낸 시인들에게 시집 한 권씩을 내어 주십시오."하고 건의했다는 것이다. 그래서 삼애사三愛社에서 "어느 고마운 분의 뜻을 받들어……" 하고 누구라고 밝히지 않은 사람의 도움을 받아 몇 시인의 시집이 발간된 것이 바로 그것이었다. 여기서 박목월 시인의 문인으로서 갈 길이 무엇인가 하는 것을 확실하게 짐작할 수 있었다. 아닌 게 아니라 그때 목월의 마음에 따라 세상 사람들이 말하는 권력과 명예를 한꺼번에 쥘 수도 있었겠지만 그는 그런 것을 물리치고 존경받을 만한 문인으로 남는 것이 더 중요하다고 생각했으리라.

목월 선생의 평생 유업의 하나는 월간 『심상心象』지의 창간이었다. 문공부에 잡지 발간 등록을 마치고 경주에 온 일이 있었다. 그때 마침 삼중당三中堂에서 목월 전집 발행 예정으로 사진작가를 대동하고 경주에 촬영차 내려왔었다. 목월, 부인인 유익순 여사, 삼중당 기자 세 사람이었다. 고궁다방에서 전화가 걸어 왔다. 즉시 다방으로 나가니 세 사람이 우리를 기다리고 있었다. 그때 목월 선생은 시 전문지 『심상』에 대해서 이야기했는데, 경주 문인들에게 지면을 주게 되어 기쁘다고 하면서 문공부 등록을 은근히 자랑삼아 말했다. 그때 서영수의 시 추천을 들먹였다. 마침 이근식 선생이 다방에 오셔서 목월 일행과 인사를 나누고, 두 사람과 함께 추천하기로 약속을 했다. 『현대문학』과 『현대시학』을 놓고 이야기를 하다가 당시 목월과 친분관계가 있던 전봉건 시인을 생각하여 현대시학』으로 결정되었다. 햇살이 따가운 초가에 우리 일행은 사진 촬영을 위해 떠났다. 서울 손님 세 분과 이근식 선생 나 다섯이었다. 우선 목월 생가가 있는 모량으로 떠났다. 손경발 씨가 보내준 지프차에 다섯 사람이 비좁게 타고 모량으로 향했다. 모량역 마을 도로 밑에 좁은 굴다리를 지나 꼬불꼬불한 길을 따라 지프차는 달리고 있었다. 멀찌감치 마을 입구에 차를 세우고 우리는 걸어서 갔다. 목월 부인은 목월의 젊은 시절의 이야기를 하염없이 들려주고 있었다.

목월 선생의 부친은 박준필 공으로, 전하는 바에 의하면 그는 한시를 잘 짓고 일찍 신문명에 눈을 떠서 측량 기술을 배워 전국 방방곡곡을 다니면서 당시 국토 측량에 참여한 측량기사였다고 한다. 목월의 출생지가 경남 고성으로 된 것도 이런 이유에서 일 거라고 우리는 짐작한다. 유익순 여사가 목월에게 시집 온 곳이 오늘 우리가 찾아가는 목월 생가인 모량인 것이다. 같은 마을 아래윗집에 큰어머니와 목월 생모가 살고 있었다고 한다. 목월이 대구 계성중학교에 다닐 때, 그는 이 마을의 유일한 학생으로서 마을 사람들의 부러움을 받았다고 한다. 부인과 결혼해서 한때 이 마을에 와서 산 적이 있었다고 했다.

백양사에서 만난 문인들

2001년 10월 26일 한국문협에서 주관하는 전국 지부장 및 지회장 모임이 전남 장성 백양사에서 있었다. 문협 이사 및 전국 지부 지회장들이 한자리에 모인 것이다. 이날 오후 4시, 제17회 윤동주문학상과 제20회 조연현문학상 시상식을 겸하여 가지게 되었다. 윤동주문학상은 시인 안혜초, 조연현문학상은 평론가 장백일 교수가 받았다. 그 자리에서 경기도 안성의 시인 김유신의 '지회장에 따라 발전할 수 있음을 느꼈다'란 주제로 의견을 발표했다.

저녁이 되었다. 백양사 은혜파크호텔에서 식사를 마치고 각자 뿔뿔이 밖으로 나왔다. 나와 김유신과 정광수가 밖으로 나와서 어느 술집으로 갔다. 동동주 다섯 병을 상 위에 올리고 묵 한 접시를 놓고 둘러앉았다. 신재영(평택), 김승배(고양) 시인이 같이 앉았다. 주거니 받거니 마시고 나니 술에 취하여 숙소로 돌아오다가 장백일 교수, 홍진기(창원), 김성진(함양), 이무상(강원지회), 송재섭(진천), 지세균(안산) 시인들이 다시 어울러 한자리에 앉아 술을 마셨다. 모두들 갈 생각은 않고 앉아 있는데 정광수가 먼저 나가서 호텔로 가버렸다.

아침에 자고 일어나니 대전 리헌석 지회장이 먼저 일어나 있었다. 그는 일찍 아침 운동을 위해 밖으로 나갔다가 돌아와 있었다. 나중에 안 사실이지만 그는 평론을 하는데 『월간문학』 신인상 출신으로 김양수 선생의 심사 추천으로 평단에 나왔다고 했다.

나는 그날 아침 일찍 백양사 경내를 두루 돌아다녔다. 백양사는 꽤 오래된 사찰로 분위기가 벌써 달랐다. 돌아 나오다가 바위에 새겨진 글귀 하나를 발견했다. 「이 뭣꼬」였다.

'父母未生前, 本來面目, 是甚磨'

그 내용인즉, '부모에게 태어나기 전에 나의 참 모습은 무엇인고' 였다.

여기에서 '이것이 무엇인고' 를 줄이면 '이 뭣꼬' 가 된다. '是甚磨'가 바로 '이 뭣꼬' 인 것이다. 나는 돌아오면서 '시심마, 시심마, 시심마'를 되뇌고 있었다.

조지훈의 개화장開化杖이 변소에 거꾸로
– 쪽샘에서 고무신 시인이……

청마 선생께서 경주고등학교에 재직할 때였다. 청마를 중심으로 경주의 문인들은 한데 어울려 다니기 일쑤였다. 1950년대 경주문협은 청마를 비롯해서 원형갑, 김윤식, 김영식, 고무신, 오경환 그리고 각 중 · 고등학교 국어 교사들로 구성되어 있었다. 만나면 주로 쪽샘에서 술을 마셨다. 물론 문인 아닌 사람도 있었다.

한번은 조지훈 선생이 경주에 왔다. 지훈의 여동생이 경주에 출가하여 있었기 때문인지는 몰라도 경주와의 인연이 깊었다. 특히 청마 선생이 있어서였는지도 모른다.

그는 신사였다. 그는 멋진 양복에다 당시 개화장(개화장은 젊은 사람이 멋으로 짚는 지팡이)을 가지고 나타났는데, 청마를 중심으로 경주의 문인들이 다 모였다. 서울에서 조지훈시인이 왔으니 그럴 법도 했다. 그 자리에는 고무신이 좌석을 석권하여 떠들어댔다. 주로 조지훈 시인에 대한 욕인지 야유인지 농담인지 고무신은 기고만장했다. 'ㅈ에다가 ㅈ을 연음이 되면 이상한 발음이 일어나서 ××가 훈훈하다.' 하면서 큰소리로 떠들어댔다. 듣다 못한 조지훈 선생이 고무신에게 술잔 세례를 보냈다. 갑자기 입을 다문 고무신은 황급하게 밖으로 나가버렸다. 밖에 나갔다가 다시 돌아온 고무신은 다시 떠들기 시작했다. 그래서 술 분위기는 다시 화기애애하여 마시기 시작했다.

모두 마시고 일어서서 밖으로 나오는데 이게 웬일인가? 지훈 시인의 개화장이 없어진 것이다. 주인과 경주문인들이 구석을 뒤지며 개화장을 찾는데 조지훈 선생의 개화장이 그 집 노천 변소에 그냥 거꾸로 박혀 있는 것이 아닌가? 그것을 끄집어내어 수돗가에 가서 문질러 씻고 닦아서 말리기까지 무척 오래 걸렸다. 그것은 다름 아닌 고무신이 조지훈 시인의 멋 부리는 것이 눈이 시려 그렇게 했다는 것이었다.

이 이야기는 오래오래 전하여 1960년대 경주문협의 이야깃거리가 되기도 했다.

전국 한글백일장이 열리던 날

1976년도 신라문화제 전국 한글백일장이 나물왕릉에서 개최되었다. 백일장에 참석한 학생과 일반인 그리고 경주문협의 회원들, 초청인사 동리 선생님과 미당 선생님, 모두 왕릉을 메우고 있었다. 그야말로 백일장에 모인 사람들이 인산인해였다. 그때는 이 한글백일장에 대한 관심이 지금과는 달랐다.

초등부, 중등부, 고등부, 대학일반부 그리고 시부와 산문부 그러니 참여하는 사람이 많을 수밖에 없었다. 시내에서는 가장행렬의 행사가 열리고, 황성공원에서는 서제序祭와 씨름 등, 각종 경기행사가 열려 TV가 없던 그때에는 그 자체가 구경거리였다. 그리고 나물왕릉에서는 한글백일장으로 확성기 소리가 가을 하늘에 메아리치고 있었다.

백일장에는 김동리 선생께서 대회사를 하는 등, 간단한 의식을 마치고 바로 작품 쓰기에 들어갔다. 보통 10시에 시작하여 12시가 되면 백일장 작품을 거두고 점심을 먹고는 곧 심사에 들어갔다.

교리 최영식 선생 대청마루에 앉아 심사를 시작했다. 동리 선생과 미당 선생을 상방으로 모셔두고 문협 회원들은 장르별로 나누어 심사를 시작하고 장원 작품이 나오면 상방에 모셔둔 동리와 미당께 결정을 의뢰하고 입상자 명단과 상장을 쓰는 등 시상식 준비에 여념이 없었다. 이렇게 짧은 가을날이 어느덧 저물면 모든 것을 챙겨서 시내로 나와서 가장행렬을 구경하고는 바로 여관으로 가서 회원끼리 모여 술판을 벌이기 일쑤였다.

이렇게 서제에서부터 시작하여 백일장 당일과 그 저녁부터 이틀날까지 신라문화제를 치르고 끝나면 3일이 걸렸다. 서울 손님들을 그 이튿날 서울로 전송하고 돌아와서는 회원들이 다시 모여서 신라문화제 한글백일장을 반성하고 모든 행사를 마쳤다.

동리 선생이 경주를 떠나서 서울에 가시어 신라문화제에 관해 쓴 소설작품을 발표하기도 했다.

木月 선생, 한국시협 회장 시절

경주에는 몇 개의 시비가 있다. 하나는 신시 60년을 맞아 새싹회에서 시인의 고향에 세워준 노래비 '얼룩송아지'가 황성공원 김유신 동상 아래 있고, 하나는 현대문학사에서 건립한 청마 시비가 토함산 기슭에 자리 잡고 있다. 이 두 시인의 시비는 전국 어디에 내어놓아도 손색이 없는 명소 중의 명소에 위치하고 있다. 여기에 못지않게 세워진 박종우 시인의 '고무신시비'도 김유신 장군 묘소로 올라가는 휴게소에 위치하여 한눈으로 경주 시가지를 내려볼 수 있는 곳에 건립되었다. 고무신 시비는 시문학사에서 전국 시인을 대상으로 모금하여 세운 것이다. 그 후 1980년대, 190년대에 와서 이경록 시비가 경주중고 동창생들에 의하여 불국사 우정의 동산에 세워졌고, 보우문화재단 김재식 사장이 이 고장 출신인 박목월 선생의 시비를 보문 홍도공원(지금은 목월공원)에 건립했다.

경주의 문학행사는 사실상 이 시비를 중심으로 이루어지고 있

목월시비 앞(장윤우, 이탄, 서영수, 필자)

다. 목월 백일장이나, 청마 백일장은 전국 규모의 짜임새 있고 권위 있는 백일장으로 우리 경주 문인들이 키워 온 것이다. 여기에다가 신라문화제 때마다 실시되는 백일장을 합치면 일 년에 서너 번의 백일장 행사가 이루어져 이 지방을 중심으로 한 문학 행사가 연이어 행해지고 있다.

이런 백일장 중에서 신라문화제 백일장 때는 여러 많은 문인들을 만나는 계기가 되고 문인들끼리 화목과 혹은 불화의 장소가 되기도 했다. 이런 행사 때마다 경향 각지 문학 지망생과 각 곳의 문인들이 찾아와서 하나같이 어울려 술을 마시고 여러 가지 일화를 남겨놓고 뿔뿔이 흩어지기도 했다.

지금까지 많은 횟수로 이끌어 온 목월 백일장은 그동안 상당한 우여곡절을 겪어 오늘에 이르고 있다. 신시 60년을 맞아 세워진 이 노래비는 제막식부터가 대단한 성황이었다. 1968년 5월 어린이날에 새싹회가 주최한 제막식이 있었고 곧이어 어린이 백일장이 벌어졌다. 경주를 중심으로 오륙십 리 안팎에서 제막식에 참석한 사람은 각양각색이었다. 초등학교 교사와 초등학교 어린이, 전국에서 모여든 문인들, 목월 선생의 옛 고향 친구들, 향리의 촌로村老에 이르기까지 넓은 황성공원의 나무 그늘이 사람들로 메워지고 있었다. 무심히 앉아 「얼룩송아지」를 부르는 어린이, 목월의 문학과 인간을 말하는 문인들과 각 학교의 문예 지도교사, 목월의 고향을 지키는 친구분들, 목월 선생 어머니의 친구분들, 친척, 마을 아낙네까지 모여 그날의 제막식을 지켜보았다.

제막식을 끝내고 그 자리에서 기념 백일장을 열게 되었다. 그때에 참석했던 문인들은 목월 선생을 비롯하여 윤석중, 김성도, 이재철, 신송민 제씨 등, 경향 각지의 아동문학가들이 대거 출동했던 기억이 난다. 윤석중 씨의 대회 인사말에 "아름다운 고장에 태어난 박목월 시인의 얼룩송아지야말로 이 땅에 자라고 있는 모든 어린이들의 마음의 고향이 되길 바란다."는 말과 백일장에 참석한 순진한 아이들 그리고 황성공원 넓은 숲, 푸른 하늘과 보리밭, 이 모두가 이 고장 문학과 예술의 본향임을 깨닫게 했다.

1971년 목월 선생이 한국시인협회 회장으로 계실 때, 경주에서 '한국시인협회 세미나'를 개최했다. 전국의 시인들이 경주에 모여 세미나를 개최하기에 앞서 박목월 선생이 준비를 위해 경주시청에 들러 시장을 미리 만난 적이 있었다. 당시 목월 선생은 전국 어디를에 가더라도 목월을 모르는 사람이 없었다. 그래서 경주시청에 들러 시장을 만났는데 부탁한 일이 별로 어려움이 없었을 뿐더러 협조와 환영까지 받았다. 어쨌든 그해 10월 어느 날, 한국시인협회 세미나를 개최한 것이다. 회원 3백 명 중, 백 명 정도가 참가했다. 장소는 불국사 가는 길에 있는 유스호스텔(지금 온천 관광호텔)이었다. 경주시장의 리셉션이 있었고 저녁 식사 자리까지 베푼 것이다. 주제는 "현대시의 반성"이었다.

문제는 그날 밤 시인들의 주정이었다. 문인들, 특히 시인들이 술 취한 뒤의 행동은 기발하리 만치 기상천외한 짓이 벌어지기도 했던 것이다. 어떤 사람은 술 마시러 경주 시내 쪽샘으로 나갔고, 어떤 사람은 구멍가게에서 소주를 마시고, 어떤 사람은 술을 사 와서 방안에서 마시는 사람도 있었다. 외지에서 온 사람은 "쪽샘"하면 술 마시기 좋은 낭만의 장소로 생각했으니 1970년대 초의 쪽샘은 주정꾼들의 천국이었다. 더구나 그때 경주는 제주도에 이어 두 번째로 '통금'이 없던 시대였으니, 서울 술꾼들이 통금에 쫓겨 술을 마시다가 경주에 와서 무통금의 밤을 즐기자는 것이 그때의 시인들이었다.

밤이 깊어지자 시내에 나갔던 시인들이 돌아오기 시작했다. 술이 취하면 더 술을 마시는 법, 돌아온 시인들이 술을 마시고는 밤새도록 마실 술까지 준비해 와서 마시면서 떠들고 고함치고, 싸우고, 울고 해서 난장판을 만들어 놓는 것이다. 술만 취하면 잘 우는 시인이 있었으니 그가 박용래다.

박용래朴龍來 시인은 1925년 충남 부여 출생으로 상업학교를 졸업하고 조선은행에 입사, 행원이 되었다가 1956년에 『현대문학』에 「가을의 노래」, 「황톳길」, 「땅」으로 추천 받아 시인이 되었다. 박용래는 우는 시인이었다. 그는 모든 일에 반갑고 감사해서 운다고 한다. 오랜만에 만난 친구가 반가워서 울고, 좋은 시인을 보면 기뻐서 울고, 술을 마시면 즐거워서 운다고 했다. 그만큼 그는 인정 있고 정감이 많은 시인이다.

벗가리 걷힌
논두렁

남은 발자국에
뒹구는
우렁껍데기
수레바퀴로 끼는 살얼음
바닥에 지는 햇무리의
하관下棺
線上에서 운다
첫 기러기 떼

– 박용래「下棺」

경주세미나 때도 아침부터 술을 마시고 거나하게 취하여 사람을 만나면 반가워서 손잡고 울었다. 그는 밤에 방마다 찾아다니면서 남의 침대에 누워서 사람을 괴롭히는 주벽이 있었다. 이가림 시인과 친하여 자주 함께 다니기 때문에 그가 술 마신 다음 주벽과 기행을 서슴없이 베푼다는 사실을 후배 시인인 이가림은 잘 알고 있었다. 박용래 시인은 비단같이 고운 서정시를 남기고 1980년 11월에 천상의 시인이 되었다.

작년에 경주에서 열린 한국시인협회 세미나를 금년에는 전북 전주에서 열리게 되었다. 작년에 받은 많은 시인들의 호의에 보답하기 위해서 경주에서는 이근식, 정민호, 서영수 세 사람이 참가하게 되었다. 대전에서 전주행 고속버스를 타고 세 사람이 도착한 시간이 오후 5시경, 막 전주시장의 환영인사가 시작되고 있었다. 전주시장은 "오늘 전국에서 이름 있는 시인들이 모였는데, 예부터 시인 묵객은 풍류를 좋아한다는데 오늘 우리 고장에 오신 시인 님들께서는 전주에 있는 기생들을 오늘 밤 모두 머리를 얹어주시기 바랍니다."하고 말하는 바람에 대회장에 모인 사람들의 박수를 받았다. 또 "오늘밤은 하루만이라도 경찰에 연락을 하였으니 시인의 명패만 달고 가면 밤새도록 마실 수 있도록 통금 특혜를 드리겠으니 이 고장 풍류에 마음껏 젖어주시기 바랍니다." 하는 바람에 또 한 번 장내의 박수를 받았다.

리셉션을 마치고 우리는 '한일관'에 가서 저녁 식사를 했다. 전주비빔밥에 정종 한 병을 마시고 있는 시인들의 얼굴은 한껏 행복해 보였다. 1970년대 초의 술은 정종淸酒이 최고급 주종이었다. 뒷방에 가니 박용래 시인이 벌써 술에 젖어 있었다. 경주의 세 사람이 들어가니 박용래는 우리의 손을 잡고 울기 시작했다. 작년 경주에서 만나고 실로 일 년 만에 다시 만난 것이다. 반가우면 울고 기뻐도 울고 만나면 울고 헤어지면 우는 우리의 호프 박용래 선생, 그는 오늘 시협 세미나를 위해 몇 날 몇 밤을 잠 못 자고 기다려 왔다는 것이다. 그날 우리를 만나니 반가워서 또 울기 시작했다. 그는 저녁밥은 안 먹고 술만 마셨다. 그래서 우리가 "선생님, 술은 그만 마시고 밥을 드셔야지요." 하니 "밥이라니, 술 마시는 것만도 감사한데 거기에 밥까지? 죄송해서 밥은 못 먹어." 했다.

밤이 되었다. 전주시장의 리셉션 때 인사말처럼 시인들은 명패를 달고 전주 시내를 누볐다. 술도 싸고 안주도 싸고, 어느 곳에 가니 아가씨도 예뻤다. 우리는 전주의 밤을 낭만에 젖어 흥청거리고 마음껏 마셨다. 전재수, 서영수, 정민호, 유승우, 정의홍, 이건청, 엄한정, 우리는 한덩어리가 되어 전주시내 술집마다 찾아다녔으니 대충 짐작이 갈 것이다. 밤늦게야 여관으로 돌아왔다. 시인이 묵는 여관은 밤새도록 시끄럽다. 시인대회에서 전세를 낸 여관이니 떠들어봐야 우리밖에 없었다. 우리가 떠들고 들어가니 잠자던 시인들이 합세하여 같이 떠들기 시작했다. 모두 술병을 들고 현관에 나와서 밤새도록 마시는 것이었다.

아침이 되었다. 어젯밤 마시던 사람들이 현관에서 그대로 자고 있었다. 난로를 피워 두었지만 10월의 밤은 차가웠다. 꼬박 밤을 새우며 마신 사람들이 그대로 늘어져 있었다. 나는 냉수 한 잔을 마시고 정신을 차리니 경주 출신의 목사이며 시인이신 전재동 씨가 단정히 머리를 빗으며 내려왔다. 이근식 선생과 전재동 시인 그리고 전재수가 내려와서 쇼파에 앉았다. 가을 햇살이 눈부신 뜨락에서 우리는 사진을 찍었다. 마치 태풍이 지나간 다음 날처럼 평화롭고 고요했다.

내가 고등학교에 다닐 때 우연히 박목월 선생의 시집『山桃花』를 얻어 읽게 되었다.『산도화』에 수록된 작품들은 한결같이 목월의 초기 시를 수록하고 있었다. 당시 나는 문학 수업을 하는 학생으로서 목월의 시가 내게는 참 좋았다. 그래서 항상 그 시집을 가지고 다니면서 읽고 또 읽었다. 지금도 기억나는 작품들은「청노루」,「산도화」,「밭을 갈아 콩을 심고」,「산이 날 에워싸고」이런 것들이었다. 이런 시들은 당시 문학공부를 하는 나를 완전 매료되기에 족했다. 특히 시집의 말미에 조지훈 선생의 발문은 목월과 지훈의 문학적 인생관을 잘 표현하고 있었고, 문우 간의 우정이 또한 잘 나타나 있었다. 그래서 그들의 이런 우정 때문에 그 후 청록파가 되었는지도 모른다.

목월 선생은 1916년 경주 출생으로 본명은 박영종이었다. 일찍이 대구 계성중학을 졸업하고 1939년『文章』지에 정지용의 추천에 의해「길처럼」,「그것은 연륜 이다」,「가을 어스름」,「연륜」등이 추천되었다. "북에는 소월, 남에는 목월"이라고 그를 추천한 정지용은 이렇게 평가했다. 1946년 조지훈, 박두진 등과 3인 시집『청록집』을 내어 세칭 청록파 시인으로 세상에 알려지게 되었다. 내가 문학공부를 하던 학생 시절, 목월의 작품이라면 빠짐없이 찾아 읽었다. 그가 발표한 동시에서부터 신문에 발표된 수필, 시 할 것 없이 잡문까지 찾아 읽었다. 그래서 내가 고등학교 3학년 때 대학 선택에 있어서도 별다른 망설임 없이 서라벌예술대학 문예창작과를 지망한 이유도 이런 것에 있었던 것이다. 그때 문예창작과 과장은 김동리 선생이요, 안수길, 박목월, 서정주, 조연현, 김구용, 임동권 이런 분들이 교수였다. 이런 분들 가운데 박목월 선생의 강의는 빠짐없이 들었다.

나는 목월 선생께서『사상계』신인문학상 시상식에는 꼭 나올 줄 알았다. 그때 인사를 올리려고 했는데 시상식에는 나오지 않았다. 시상식에는 조지훈 선생과 송욱 선생이 나왔다. 그때 나를 축하하기 위해 나온 사람은 기계가 고향이고 당시『世代』사 기자로 있었던 이진형李振炯이었다. 조지훈 선생은 이진형의 종처남이다. 나는 시상식을 마치고 원효로에 있는 목월 선생 댁으로 갔었다. 박 선생 댁은 쉽게 찾을 수 있었다. 그가 전화로 일러준 대로 원효로 2가 성심여중고 부근 이층 양옥집이었다. 목월 선생께서는 현관까지 나오시어 나를 맞아 주었다. 차를 내오고 술을 가져오고 해서 그날은 융숭한 대접을 받았다. 선생께서는 장롱을 열더니 넥타이 한 개를 꺼내 주었다. 최태호 선생 아들의 결혼식에서 주례를 하고 받으신 것을 아낌없이 나에게 주셨다. 상당히 좋아 보이는 그 넥타이를 받아들고 기뻐했던 나를 나는 지금껏 회상하고 있다. 그때 나는 시골 초등학교 교사로 발령 받아 1년을 근무했다. 학교 여러 선생님들께 목월 선생으로부터 받은 것이라고 자랑하던 생각이 지금도 생생하다. 그 후 나는 경주로 옮겨 살았고 몇 번 편지를 올려 선생의 고향인 경주에 살고 있다는 것을 자랑도 했다. 그 후 목월 선생의 작품 「杞溪장날」이 『동아일보』에 발표되었을 때 나는 선생님께 편지를 보내어 경주와 기계를 오가며 젊음을 불태웠다는 목월 선생의 이야기를 다시 상기하기도 했다.

새싹회에서 신시 60년을 기념하기 위한 사업의 일환으로 시인의 고향에 노래비가 세워지게 되었는데, 경주에는 박목월 "얼룩송아지" 가 그것이다. 그해 5월 5일 어린이날에 제막되었고, 많은 문인들이 참석했다. 박목월과 새싹회 회장인 윤석중 씨를 비롯하여 대구에 김성도, 이재철, 김동극 그 밖에 전국에서 문인들이 모여들었다. 그날 노래비 제막이 있었는데 회장의 인사말에 이어 목월 선생의 답사가 있었다. 그날 제막식을 마치고 곧이어 "박목월 노래비 건립기념 백일장"을 실시했다. 각처에서 모여든 초등학교 어린 문사들의 백일장을 마치고 그 자리에서 심사에 들어갔다. 그날의 장원은 천북 초등학교 6학년 김옥선 양의 「돌」이란 제목의 동시가 차지했다.

'박목월 노래비 건립기념 백일장'이란 이름으로 매년 5월 5일, 어린이날에 개최했다. 그때는 '푸른 편지회'란 이름으로 초등학교 교사, 문인으로 구성된 모임이 있었다. 이 모임에서 몇 번 백일장을 치르다가 회원들이 타지역으로 전출되는 바람에 회원의 절대수가 모자라게 되었다. 그래서 '푸른 편지회'에서 주관하던 행사를 한국문협 경주지부에서 주관 주최하여 오늘에 이르고 있다. 본래의 명칭은 '박목월 노래비 건립기념 백일장'이던 것이 '목월 백일장'으로 된 것은 목월 선생이 작고한 이후 그의 아들 박동규와 협의하여 1980년대 그렇게 고친 것이다.

경주문협에서 맡아 백일장 행사를 해오던 초창기에는 회원 수도 10여 명, 행사비용을 감당하기 어려웠다. 그때 지부장은 이근식 선생이었고, 정민호, 서영수 세 사람이 이 행사를 맡아 했다. 해마다 행사 때가 되면 세 사람이 의논하여 경비를 얼마씩 갹출하여 근화여고 문예반 학생들을 동원, 당일 점심으로 도시락을 준비하여 현장까지 운반해서 행사를 시작했다. 이것을 본 목월 선생께서 결심이나 한 듯이 “너들 안되겠다. 내가 매년 10만 원씩 보태어 줄 테니 그것으로 행사해라.” 하면서 4월 말일쯤 되면 목월 선생은 경주에 오셔서 우리를 찾았다. 이근식, 서영수, 정민호는 목월 선생이 투숙하는 경주관광호텔(지금은 없어졌음)에 찾아가서 대회 준비를 위한 의논을 하기도 했다.

해마다 실시하는 “박목월 노래비 건립기념 백일장”에는 각 기관단체에 상장과 상품을 의뢰하여 당일 현장에서 시상하는 경주 유일의 백일장이 차츰 전국 규모로 발전해 가기 시작했다. 시장상, 교육장상, 국회의원상, 교육회장상, 예총지부장상, 경주군수상 등 10여 군데의 상품과 상장을 얻어 시상했다. 여러 시상 중에서 목월 선생이 직접 만드신 목월상이 제일 권위가 있는 상이었다. 특히 ‘문예지도 교사상’은 일선 초등학교 교사들의 선망의 대상이 되었다. 교육장상이 바로 지도교사상이었다. 그때 교육장상은 진급과 전출에 영향을 주었기 때문에 그 상에 대한 열의가 대단했다.

木月과 기계 장날

1970년대 초, 목월 선생이 살아계실 때는 목월백일장 때마다 경주에 오셨다. 부부동반으로 같이 와서는 경주문인들을 격려했고, 목월 선생이 참가하는 이 행사는 더욱 관심을 가졌으며 전국의 문인들이 구름처럼 모여들었다. 서울에 신중신, 신규호, 유승우, 박동규(목월 선생 타계한 뒤 몇 번 왔었다.) 황금찬, 윤강로, 박경용, 이건청, 이명수, 권택명, 대구의 김성도, 김동극, 신송민, 이재철, 도광의, 유상덕, 최정석, 신동집, 이태수, 서종택, 박상륜, 울산의 함홍근, 김성춘, 박종해, 포항의 손춘익 그 외에도 많은 문인들이 왔었다.

황성공원 동편 독산에 김유신 장군 동상이 있고, 그 독산 밑에 '얼룩송아지' 노래비가 있었다. 어느 해 오월 목월 선생 내외가 참석했다. 목월 선생이 오면 꼭 찾아오시는 분이 있었는데, 그분이 목월과 계성중학에 같이 다녔던 손경발 씨였다. 그분은 아침부터 나와서 같이 행사에 참여했고, 종일 우리와 같이 있으면서 찬조금까지 내시던 목월 선생 친구분이셨다. 목월의 생가가 건천

모량이기 때문에 목월 친구들이 몇 분 있었다. 이 손씨도 그런 분들 중의 한 분이었다. 당시 건천에서 정미소를 경영하면서 무산중고 재단이사장으로 계셨다.

그날은 마침 비가 내렸다. 아침부터 부슬비가 내리는 통에 행사가 제대로 되지 않았다. 겨우 백일장 개막식을 끝내고 참가한 학생들이 흩어져 글을 쓰려는데 비가 내리는 것이 아닌가. 아이들은 나무 밑으로 혹은 운동장 스텐드 밑으로 비를 피하여 글을 지었다. 보통 아침 10시부터 시작하여 12시쯤이면 작품을 거두고 점심을 먹는데 그날은 점심도 먹는 둥 마는 둥 작품을 모아서 신라중학교 교실을 빌려 심사를 시작했다. 목월 선생은 처음부터 심사에 참여하여 끝까지 하나하나 살피면서 최고상을 뽑을 때는 다른 문인들과 합의하여 최종적으로 결정을 내리는 것이었다. 최고상은 목월상으로 초등학교 저학년, 고학년, 중학교 각각 1명씩을 뽑았다. 고등부는 그 후 목월 선생이 작고한 다음 박동규 교수에 의해 신설되었다.

목월 선생의 평생 유업의 하나는 월간『心象』지의 창간이었다. 문공부에 잡지 발간의 등록을 마치고 경주에 온 일이 있었다. 그때 마침 三中堂에서 목월 전집 발행 예정으로 사진작가를 대동하고 경주에 촬영차로 내려왔었다. 목월, 부인인 유익순 여사, 삼중당 기자 세 사람이었다. 고궁다방에서 전화가 걸려왔다. 즉시 다방으로 나가니 세 사람이 우리를 기다리고 있었다. 그때 목월 선생은 시 전문지『심상』에 대해서 이야기했다.

이튿날이 기계 장날이었다. 가는 날이 장날인 셈이다. 문성, 고지, 성계, 지가, 화대에서 쇠달구지가 나오고 길 따라 하얗게 사람들이 걸어오고 있었다. 그날 촬영은 아주 좋았다. 동숲과 서숲 길을 따라가는 흰옷 입은 사람들, 먼 산등을 사진에 담고 있었다. 나는 목월이 쓴 「杞溪 장날」이란 시가 생각났다.

보레이 보레이 자네,
사람 한평생
이러쿵 살아도
저러쿵 살아도
시큰둥하구나.
누군
왜 살아, 사는가.
그렁저렁
그저 살믄
오늘 같은 기계장도 서고.
〈중략〉
오늘 같은 날은
지게목발 받쳐놓고
어슬어슬 산비알 바라보며
한잔 술로
소회도 풀잖는가.
다 그게
기막히는 기라
그게
다 有情한 기라.

— 박목월의 「杞溪 장날」의 한 부분

술과 시와 울산의 박종해朴宗海

박종해. 그는 경남 울산 송정에서 한문학의 대가 창릉 박용진 蒼菱 朴庸鎭 선생의 장남으로 태어나 경북고등학교를 거쳐 성균관대 영문학과를 졸업했다. 그는 1980년 계간 『세계의 문학』 겨울호에 「탱자」, 「우리 아가의 낮잠」, 「비밀」을 김종길, 유종호 교수의 추천을 받아 문단에 등단했다. 그는 현란한 수사나 기교를 배제하고 질박한 언어를 사용하여 시적으로 승화시키며, 일상생활의 한순간을 포착하여 절제된 감정을 표현함으로써 진실과 공감을 느끼는 작품을 쓰고 있다. 그는 술을 좋아하여 그의 시집 『산정山頂』에 실린 작품을 보면 술에 관한 구절이 수없이 나타나 그가 명실공히 찬주론자讚酒論者임을 은연중에 나타내고 있다. 특히 그의 시작품 '서울의 술꾼들에게'란 부제가 붙은 「편지」란 시를 보면 술과 사연이 있는 작품임을 알게 된다. 그는 거의 매일 술을 마신다. 그가 태어난 고향인 울산에는 그의 친구, 동창생, 문우, 선배, 후배 할 것 없이, 때로는 여자 동창생이 경영하는 술집에서 술을 마시게 된다. 대다수의 술꾼들이 다 그렇겠지만 술자리가 끝나고 귀가하는 시간이 자정이 넘는 경우가 많다. 울산 시내에서 송정까지는 제법 거리가 있어 취할 때마다 택시를 잡아타고 돌아온다. 대체로 송정리 마을 입구에서 내려 철둑길을 걸어 古家가 자욱한 자기 집으로 돌아 걸어서 온다. 철둑길 양옆으로는 논이 있어 취하여 잘못 걷다가는 무논에 빠지기가 일쑤다. 그날도 술이 거나하게 되어 철둑까지 택시로 와서 논둑 길에 들어서다가 물이 가득찬 논에 빠져버리고 말았다. 놀라서 정신을 바짝 차리고 보니 무논에 그냥 드러누워 있는 것이 아닌가. 등허리가 시원하고 하늘에는 뭇별이 반짝 빛나고 있었다. "누워서 보는 북두칠성"도 낭만과 정감으로 다가오고 있었다.

너무 취해서 논두렁에 누워 있소
반짝이는 북두칠성의 눈물 젖은 눈을 바라보고 있소
〈 중략 〉
밤이슬에 젖은 볏잎
상기된 볼에 와 닿는 서늘한 치맛자락
형네들은 모르리
서러움이 왜 즐거움이 되는가를
서울의 술꾼들이여

– 박종해의 「서울의 술꾼들에게」 일부

그는 깜짝 놀라 일어나 앉으니 무릎까지 물이 올라오고, 일어서니 발목까지 물이 찰랑거렸다. 이럴 바에야 누워보자 하고 누우니 목까지 물이 찰랑찰랑, 서늘하고 따뜻하고 술기가 약간 가시면서 좀 떨리기도 했다. 오히려 물속이 더 따뜻했고, 무논에 누워 초롱초롱 별빛을 쳐다보며 한없는 추억과 낭만의 그 시절을

어느 날 정지용 시비를 찾은(박종해, 필자, 이희목)

회상하면서 서울의 술꾼들에게 보낼 시 구절을 생각하고 있었다. 서울의 술꾼, 시골의 술꾼, 술꾼도 역시 시골의 술꾼이 더 낭만적이 리라. 그는 혼자 이렇게 중얼거리며 일어서서 자기 집 대문을 밀치고 마당으로 들어섰다.

박종해 시인. 그는 그가 시인이라는 자부심이 대단하다. 그와 함께 시외버스를 타고 여행을 한 적이 있었다. 물론 술이 거나하게 취하여 승차한 것이다. 포항에서 경주까지 가는 차 중에서 박 시인은 자리에서 일어나 "친애하는 여러분, 저는 박종해올시다." 하고 운을 떼며 버스 중앙 통로에 나섰다. 그리고 또 "이 차를 타신 손님 여러분이나 이 버스를 몰고 가는 기사님도 여기 이 시인과 함께 차를 타고 가는 것을 큰 영광으로 생각하십시오." 하면서 정중하게 한마디를 했다. 버스 안에 탄 사람들은 웃으면서 차창 밖으로 얼굴을 돌렸다. 잠시 조용하다가 박 시인은 다시 자리에서 일어서며 "여러분, 박종해 시인을 아십니까" 했다. 차 안의 손님들은 역시 조용히 웃기만 했다. 박 시인은 또 톤을 높여 정중한 목소리로 시를 외기 시작했다. 영시며, 한국시며, 한시까지 닥치는 대로 시를 외우니 어떤 사람들은 고개를 끄덕이는 사람도 있었다. 차가 5분 정도 가더니 길가에 차를 세우며 운전기사는 박 시인을 내리라고 했다. 같이 차를 타고 가는 우리는 손님이 술이 취했으니 이해해 달라고 사정하는 수밖에 없었다. 그럴수록 박 시인은 더욱 흥이 나서 "기사 양반, 당신 차에 위대한 시인들이 탔으니 그만큼 영광으로 아시오." 했다. 우리는 미안하다고 운전기사에게 사정하는 수밖에 없었다. 목적지까지 도착하는 동안 손님들에게 미안해서 온통 마음을 졸이고 있어야 했다.

〈 전 략 〉
"또 술 마셨어요?" 의사가 물었다.
대답 대신 내가 씨익 웃었다.
"죽는 연습을 뭐 땜에 합니까?"
의사는 의아스럽다는 듯 나를 쳐다봤다.
그렇지 이 좋은 세상에 나는 죽는 연습만
하고 다니는가.

– 박종해의 「季節病」 중반부

주위의 친구들이 술을 조심해서 마시라고 항상 걱정 어린 말로 일깨워 준다. 그러나 그는 술이 없으면 멋도 없고 풍류도 없어진다. 그는 술 때문에 시가 있고 용기가 있고 이 어려운 세상을 술과 함께 살아간다. 그는 자주 배를 움켜쥐고 위염을 호소했다. 그러나 그는 여전히 술은 술이요 밥은 밥이었다.

어느 해 겨울, 그는 울산에서 술친구를 만났다. 어쩌면 그날이

송구영신送舊迎新의 그믐밤쯤 되었을까. 늦도록 술을 마시고 취하여 귀가하려고 택시를 잡아탔다. 택시는 그의 집이 있는 송정 마을을 향해 달리고 있었다. 박 시인은 운전기사에게 술이 취한 상태에서 자신이 시인이라는 것을 강조했다. 나는 "위대한 시인"이라고 몇 번이나 강조하면서 "당신은 운전기사로서 나 같은 위대한 시인을 오늘 밤 태우고 가는 것을 영광으로 생각하시오." 했다.

운전사는 아무 말 없이 듣고만 있었다. 박 시인은 그동안 소변을 참지 못하여 택시를 세웠다. 그리고 어두운 들판을 향해 시원스럽게 용변을 보는데 그를 태우고 온 택시가 갑자기 반대 방향으로 돌리면서 "위대한 시인 한 번 잘해 봐라." 하고 휙 달아났다. "야, 운전사--"하고 불러도 소용이 없었다. 거기서부터 집까지 1킬로가 넘는 길을 걸어 돌아오면서 "위대한 시인, 위대한 시인"을 되뇌며 온 얼굴이 얼어서 집으로 돌아왔다.

내가 박종해 시인과 만나게 된 것은 1970년대 초반쯤, 울산 문인과 경주 문인들이 서로 오가면서 문학 활동을 하는 가운데 서로 알게 되었다. 만난 지 얼마 되지 않아 우리는 시를 매개체로 가깝고 친한 사이가 되었다.

어느 해 여름, 방학이 다 끝나갈 무렵 나는 울산으로 박 시인을 찾아가서 그를 만났다. 우리는 고래 고기를 먹으려고 장생포엘 갔다. 고래 수육, 육회를 안주 삼아 닥치는 대로 소주를 마셨다. 서로가 술에 취한 모습이 보기 좋았고 술을 마시게 되면 기발한 그의 말솜씨가 한층 재미있어 해 가는 줄을 몰랐다. 나는 경주에 오려고 버스 정류장에 나오니 박 시인도 같이 따라 나왔다. 그는 경주행 차표를 사서 나에게 주면서 떠나기 전에 민물 매운탕이

좋으니 소주 딱 한잔만 더 마시고 가라고 했다. 나는 그의 인정과 따끈한 소주와 민물 매운탕의 구미를 잊지 못하여 그렇게 하기로 했다. 그 자리에는 최일성 시인도 같이 있었다. 우리 세 사람은 시외버스 터미널이 마주 보이는 민물고기 식당에서 소주를 따기 시작했다. 민물고기 매운탕, 민물고기 조림, 민물고기 튀김, 메기 회 등 골고루 한 가지씩 맛을 보다 보니 버스는 벌써 떠났고 날이 어둡기 시작했다. 세 사람은 날이 어두워 전등불이 켜질 때까지 술을 마시며 시와 문학을 이야기하다가 밤이 늦어 울산 어느 여관에 들러 다시 술을 마시기 시작했다. 지금까지 소주를 마셨으니 입가심을 위해 맥주 한 상자를 사서 여관방에 놓고 세 사람이 둘러앉았다. 나, 박 시인, 최 시인. 시인 세 사람이 여관방에서 백일장을 하기로 했다. 각자 종이에다 취흥을 적어 내면 거기서 장원을 뽑고, 장원을 한 사람에겐 상으로 술을 한 잔씩을 따라 주었다.

鶴城東畔起雲霧하고,
太和江邊吹風林이라.

최일성의 아호를 무림霧林이라고 지어주고 그 자리에서 축하주를 마시고 밤을 지새웠다. 그날 밤은 기어코 비가 내렸다. 여관방 창 밖에는 비가 내리고 우리는 밤을 새워 술을 마셨다. 이것은 내 젊은 날의 시와 인생을 마시면서 박 시인과 우정을 다지게 된 추억의 한 토막이다. 이튿날 아침 우리는 학성공원으로 갔다. 서덕출의 노래비 '봄 편지'를 보고 그 자리에서 소주 한 병으로 해장을 했다. 어제 경주에 갔어야 했는데 완전히 하루를 부도낸 것이다. 물론 집에는 연락도 하지 않았다. 학성공원에서 내려와 어느 다방에 오니 울산의 문인들이 와 있었다. 그때 울산의 문인들을 대거 만나고 인사도 나누었다.

언젠가 박 시인을 통해 박태문朴泰芠을 만났고 이준웅李俊雄을 만나서 두어 차례 술집으로 전전했다. 가는 곳마다 박 시인이 술을 샀다. 술에 인색하지 않고 술값에 짜지 않는 박 시인의 인간과 문학에 대하여 나는 상당한 호감이 갔던 것이다. 밤늦게 서야 우리 오륙 명이 울산 송정에 있는 박 시인 본가에 갔다. 그때는 사랑에 그의 춘부장인 창릉蒼菱 선생이 계실 때였다. 우리는 사랑에 들어가서 막 주무시려는 창릉 선생 앞에 인사를 올렸는데, 박태문 시인이 절을 하다가 그냥 엎드려 일어나지 않았다. 그 자리에서 최대의 존경을 표하는 뜻으로 그랬다고 했다. 점잖으신 선생께서는 그냥 웃으시며 건넌방에 들라고 했다. 우리는 건넌방에 가서 또 다시 술을 마시기 시작했으니 그때의 상황이 대충 짐작이 될 것이다. 아침에 우리는 그 집 서당채에서 잠을 자고 일어났다. 지당池塘에서는 연꽃이 벙글어 있었고 아침부터 개구리가 소리 내어 울었다. 박 시인은 아침상을 날라 오고 우리는 또 해장술을 마셨다. 나는 여기서「송정리에 가서」란 시 한 수를 얻었으니,

〈 전략 〉
연당에 비친 부연 사이로
푸른 하늘이 내려오면
댓돌 아래 엎드린 판돌이도 만난다.
〈중략 〉
술잔에 어리는 인정도
한 많은 병으로 남아 있거니,
〈 하략 〉

팔십 리의 거리를 두고 박 시인과 나는 서로 오가며 오늘에 이르고 있다. 동해남부시 동인회를 부활하여 경주, 포항, 울산, 영덕 등 출판기념회를 할 때마다 우리는 만나서 문학과 술을 이야기했다.

세월이 흘렀다. 그와 나는 벌써 지명知命을 넘어섰다. 이순耳順의 건널목에서 그와 나는 함께 시집을 묶게 되었으니, 어쩌면 이것이 그와 내가 살아 있는 동안 해야 할 문학적 행위인지도 모른다. 우리 남은 인생에 무사히 술을 마실 수 있는 건강을 함께하길 바랄 뿐이다. – 박종해, 정민호 2인 시집 『소리와 정답』 발문

쪽샘 '향화정香花亭'에서 미당과 동리의 만남

1979년 신라문화제 때였다. 서울서 서정주, 김동리 선생을 초대문인으로 모시게 되었다. 우리나라 최고의 시인 소설가를 경주에 모신 것이다. 숙소를 천우여관으로 정하고 내일의 문학행사를 위하여 전야제를 두 분의 선배 문인을 모시고 쪽샘 향화정에서 벌였던 것이다. 김동리 선생은 경주 출신의 작가로서 경주를 무대로 한 작품「무녀도」,「화랑의 후예」,「달」,「바위」,「까치소리」등 수많은 작품을 써서 소설가로서 최대의 영광을 누린 분으로 경주가 자랑하는 선배 문인이다. 서정주 선생은 시집『신라초新羅抄』로서 신라 정신을 작품으로 승화시켜 한국문단의 태두로 추앙을 받는 시인이다. 이 두 분을 경주에 초대하여 모시게 된 것은 경주 문인들의 더없이 영광이었다.

그날 쪽샘 향화정(당시 경주 쪽샘에 있던 이름 있는 요정임)에 모인 사람들은 십여 명 정도. 김동리, 서정주 선생을 비롯하여 박주일, 이근식, 정민호, 서영수, 석병호, 설성희, 김기문, 김봉환 그 외 젊은 몇 사람이 더 있었다. 저녁 무렵부터 저녁밥 대신

경주에서 동리와 미당

술상 앞에 앉아 술을 마시기 시작했다. 처음에는 화기애애한 분위기 속에서 두 선배 문인을 모시고 경주의 후배 문인들은 그동안의 여러 가지 안부를 물으면서 술을 마셨다. 그때의 최고의 술은 백화수복이라는 정종이였다. 박주일 선생은 좀 늦게 찾아왔다. 벌써 술에 젖어 있었다. 두 원로 문인에게 인사를 하는 과정부터 절반은 엉석, 절반은 주정이 섞인 말투였다. 지금까지 평화로운 술자리가 갑자기 변하여 좀 높은 음성으로 떠들어 소란스럽기 시작했다. 그것은 박주일 선생이 늦게 술자리에 참석하여 좀 높은 음성으로 떠들었기 때문이었다. 서정주, 김동리는 초기에 모두 시를 쓰시던 분으로 '시인부락' 동인이었다. 서울서도 자주 못 만나는 두 분은 뜻밖에도 경주서 만나니 고기가 물을 만난 기분으로 한껏 흥겨워했다. 서정주 선생이 '시인부락'시대를 상기하여 이야기하고 김동리 선생이 시인부락의 문단사적 중요성을 이야기하는 자리에 박주일 선생이 부정적인 반응을 보였다. 즉 그 당시 시인부락은 미미한 존재였고, 문단에 끼친 공로도 그렇고 그런 정도라는 말에 서정주 선생이 불호령을 내렸다. 박주일 선생은 술에 취한 상태에서 "형님 죄송합니다." 하고 미당에게 사죄를 했다. 미당은 "박주일 너, 우리 시인부락을 무시했어?" 하면서 수저를 들고 반상을 땅, 땅, 치면서 고함을 질렀다. 동리선생이 옆에서 또 한마디했다. "응, 어째서 형님이야. 미당과 주일이 어째서 형제이냐. 피가 섞였어 살이 섞였어. 형님이란 말은 깡패사회에서나 하는 호칭이야." 하고 한마디하는 바람에 우리 모두 술이 바짝 깼다. 서정주 선생은 초기 시인부락의 역할로 문단에서 대단히 평가하고 있는데 경주에 와서 별것 아니라는 소릴 듣게 되었으니 화가 날 만도 했다. '시인부락' 동인을 한꺼번에 허물어버린 듯한 느낌을 그 두 분들이 받았던 모양이다. 밤이 늦기도 전에 술자리는 깨어지고 두 손님들은 여관으로 안내되고 모두 흩어지게 되었다. 김영식 시인이 쪽샘 향화정에 있었기 때문에 그를 도와준다는 뜻에서 이 집에 오게 되었는데 문협회원은 오랜만에 한자리에 모인 계기가 되었다. 모처럼 한국 최고의 시인 작가를 모시고 문학에 관한 진지한 토론으로 유익한 시간을 보내고자 한 것이 온통 시끄러운 술판이 되어 끝나게 되었으니 젊은 문인들은 매우 섭섭했던 것이다. 박주일 선생의 취중 문학론 때문에 시인부락은 엉망이 되고 서정주, 김동리 두 선생은 그날 그 자리에서 나와 다른 곳으로 옮기고 우리 젊은 사람들은 또 다른 술집으로 찾아갔다.

펜이 칼보다 무서운 줄 몰라? 하고 호통친

– 대구의 시인 도광의都光義

1970년대 대구 '옥이집'이라면 술꾼이나 글 쓰는 사람이면 모르는 이가 없었다. 주로 막걸리에다가 거기에 알맞은 안주를 준비하여 문인들에게 만남의 자리를 제공해주는 '문인 술집'이었다. 대구 경북지역의 글 쓰는 사람이 옥이집을 모르는 사람이 없을 정도로 이름이 나 있었다. 지금 생각하면 나는 주로 여기서 대구 문인들을 만났다. 여기서 살다시피 드나드는 사람은 박훈산(시인), 정석모(시인), 서석달(소설), 조기섭(시인), 최정석(수필가), 박주일(시), 이상실(시인), 이재행(시인), 도광의(시인), 권기호(시인), 권국명(시인) 등 이루 다 헤아릴 수가 없었다. 나는 그때 경북대에서 여름 방학 중 연수를 받았는데, 주로 이 옥이집에서 술을 마셨다. 일과가 끝나면 바로 옥이집으로 가는 것이었다.

그날은 좀 늦게 옥이집에 들렀다. 밤 10시가 넘었는데도 그 집은 성시를 이루고 있었다. 내가 문을 열고 들어서자 도광의가 거나하게 취하여 큰소리로 "민호가–." 했다. 모두들 쳐다보았다. 어떤 사람은 '삼총사' 했다. 내가 도광의를 안 지는 꾀 오래되었다. 중외출판사에서 처음 마나 우리는 그날부터 말을 놓고 지나는 사이가 되었다. 도광의, 정민호, 손춘익 세 사람을 대구 문인들은 삼총사라고 했다. 도광의는 1965년『매일신문』신춘문예에「비에 젖은 홀스타인」으로 당선을 하고 등단한 사람이다. 그러다가 늦깎이로『현대문학』에「甲骨길」이 신동집 선생의 추천으로 정식 등단한 시인이기도 하다.

그날도 밤 열 시가 넘도록 마시고 있었으니 어느덧 술에 취해 있었다. 내가 가세하여 신나게 술을 마시고 고성으로 떠드는 문인들 속에 끼어 시가 어떻고 소설이 어떻고 하다가 하나씩 돌아가고 결국 도광의와 내가 오롯이 남게 되었다. 통금시간이 있을 때라 곧 가야 했다. 열한 시가 넘고, 곧 통행 예비 사이렌이 울릴 때가 됐다. 우리들은 겨우 일어서서 밖으로 나왔다. 도광의는 옥이집 마담에게 손을 들어 외상을 적어 놓게 하고 나왔다. 둘은 술이 취해 있었다. 그는 그의 고모부가 검찰청에 근무하는데 그 부근으로 가서 한잔 더 하자는 것이었다. 택시를 세웠다. 택시기사는 우리를 맞아 "어디로 가십니까?" 했다. 도광의는 의기양양하게 "검찰청"하고 소리 질렀다. 택시기사는 "예" 하고 검찰청 쪽으로 갔다. 조금 후에 그는 다시 "남산동으로–" 했다. 운전기사는 다시 남산동 쪽으로 갔다. 기사는 또 "남산동 어디쯤요?" 했다. 도광의는 다시 "중앙통 쪽으로" 했다. 기사는 다시 중앙통 쪽으로 달리기 시작했다. 밤은 어두워서 어디로 가고 있는지 알 수가 없었다. 택시 미터기는 기본요금 60원에서 2백 원이 훨씬 넘었다. 우리는 결국 대구 시내를 돌고 있는 것이었다. 택시기사가 어느 골목길을 돌고 있을 때 다시 도광의는 "칠성시장" 했다. 택시기사는 안 되겠다는 기색으로 차를 세우고 항의했다. "행선지를 똑똑히 말해주세요."했다. 도광의는 기사에게 "손님이 가자는 곳까지 가면 될 게 아니냐." 했다. 도광의와 기사는 정면으로 충돌했다. "못 가요, 요금 내세요." 했다. 도광의와 기사가 서로 실랑이를 하다가 광의는 만년필을 뽑아 들고 운전기사의 얼굴을 겨냥하여 아주 엄숙히 그리고 교훈적으로 "펜이 칼보다 무서운 줄 몰라?" 했다. 운전기사는 고함을 지르며 대들었다. 만년필을 뽑아 들어 겨냥하고 있던 도광의는 드디어 운전기사의 눈꺼풀을 찔렀다. 기어코 사태가 벌어지고 말았다. 눈꺼풀이 찔린 기사는 차를 몰고 어느 파출소에 우리를 인계하고 가버렸다. 나중에 안 일이지만 도광의는 주머니에 돈이 없었다. 그래서 대구 시내를 택시를 타고 무작정 돌아다니려고 했던 것이다. 우리는 파출소에서 조서를 받았다. 열한 시 반 통금 예비 사이렌이 울렸다. 근무 경찰은 사고 조서에다 도광의의 직업과 주소를 쓰기 위해 묻기 시작했다. 성명은 도광의, 주소는 경산군 와촌면 동강동, 호주는 도태만, 직업은 시인이었다. 조서를 받던 경찰은 신경질적으로 "직업이 무슨 시인이란 것이 있어요?" 했다. 도광의는 끝까지 자기 직업이 시인이란 것만 밝히고 D고등학교 교사라는 것은 밝히지 않았다. 그래서 통금 위반, 우리는 하룻밤 파출소 신세를 졌던 것이다.

아침이 밝았다. 우리는 출근을 해야 한다. 술도 다 깨었다. 차디찬 현실로 돌아와야 했다. 도광의는 『영남일보』 문화부장 신왕의 집에 전화를 걸었다. 그의 부인이 받았다. 모든 사연을 이야기하고 구원을 요청했다. 그의 부인은 그 당시 공화당 대구시 지구당 여성부장이었다. 신왕의 부인 빽으로 하룻밤을 지나 파출소에서 무사히 빠져나올 수가 있었다.

내가 도광의를 처음 만난 것은 1969년 나의 첫 시집 『꿈의 耕

作』을 준비할 무렵이었다. 대구 부고 앞에 있던 중외출판사에서 그를 처음 만났다. 키가 훌쩍 큰 장신으로 눈 또한 커서 하늘만 쳐다봐도 눈물이 글썽글썽 하는 순수 감정의 서정시인 이였다. 그는 1965년『매일신문』에「비에 젖은 홀스타인」이란 시가 당선되어 등단했다. 그때 그는 신춘문예 당선이란 기쁜 감정을 억제하지 못해서 포항까지 단숨에 달려간 일이 있었다. 매일 신춘 시상식에서 그는 손춘익을 만났다. 손춘익 역시 그해 매일에서 동화「선생님을 기다리는 아이들」로 당선하여 시상식에서 두 사람이 서로 만나게 되었다. 손춘익과 도광의는 시상식을 마치고 신문사 앞 대폿집에 앉아 술을 마시다가 포항에 같이 가기로 의기투합하여 함께 포항까지 가게 되었다. 물론 그들은 술이 거나하게 되어 포항행 버스를 탔던 것이다. 그들은 포항의 관문인 효자 검문소에서 검문을 받게 되었다. 경찰이 차 위에 올라와서 주민등록증을 검사했다. 그때만 해도 검문을 철저하게 하여 신분을 확인할 때였다. 도광의는 주민등록증이 없었다. 신분증 대신 신문 한 장을 펴며 경찰관에게 보였다. 도광의의 사진이 실려 있는 신문이었다. "이게 내 신분증이요."했다. 그러나 신문 한 조각으로 통하지는 않았다. 경찰은 내리라고 했다. 할 수 없이 그들은 내렸다. 도광의는 그의 신분을 증명하는 신문을 보였는데 왜 내리라고 하느냐고 대들었다. 경찰은 신분을 확인하기 위하여 직업을 물었는데 그의 직업은 언제나 시인이라고만 대답했다. 시인이라는 직업 아닌 직업을 먼저 내세우고 고등학교 교사라는 실제 직업은 항상 뒤에 감추어져 있었다. 도광의는 경찰관에게 자기를 증명하는 신문기사(사진이 박혀 있는 신춘문예 당선자 프로필)를 꺼내 보이며 자기 직업이 시인이라는 것을 강조하고 겨우 검문소를 벗어나와 포항으로 들어갔던 것이다. 그래서 손춘익과 밤새도

포항 송도해수욕장에서 도광의, 손춘익과 필자와 함께

록 송도 바닷가 술집에서 술을 마신 것이다.

어느 해 초가을 손춘익의 초대로 도광의, 정민호 세 사람이 포항 송도해수욕장에서 만났다. 우리 셋은 횟집에 앉아 소주를 마셨다. 도광의는 회를 별로 좋아하지 않았다. 소주와 맥주를 섞어가면서 낮술을 시작했으니 모두 흐물흐물하게 취해 있었다. 해수욕객들이 철수를 하고 바닷가는 조용했다. 우리는 바닷가 모래 위를 걸으면서 시 외우기 내기를 했다. 한국시, 외국시, 할 것 없이 한 사람이 운만 떼면 세 사람이 함께 외었다. 김소월의 시로부터 시작하여 조지훈, 박목월, 김광섭, 서정주 시를, 릴케, 워즈워드, 엘리어트의 「황무지」, 특히 도광의는 「해변의 묘지」를 즐겨 외웠다. 송도해수욕장을 오르내리며 노래도 불렀다. 노래를 부르며 시를 외우고, 가다가 지치면 모래 사장에 앉아 소주를 땄다. 깨면 마시고 마시면 취하여 오래오래 바닷가에서 끝없는 낭만을 즐겼다.

우리들의 머리 위에 걸린 수평선
푸른 꿈처럼 날개를 펴다.
멀리 굽어나간 灣과 岬,
지치고 찌든 日常의 하늘 위로
날고 있는 갈매기 몇 마리
푸드득 푸드득, 바닷물을 찍어
아득한 穹蒼 위에 뿌리고 있다.

— 정민호의 「바닷가에서」

누군가 "우리 사진 찍자." 했다. 바다를 배경으로 멋진 사진 한 장 찍었다. 그러나 우리는 바다 위의 갈매기처럼 푸른 하늘을 날지 못함을 못내 안타까워하면서 바다의 황혼이 내릴 때까지 이렇게 머물러 있어야만 했다.

1970년대 중반쯤, 경주에서는 해마다 신라문화제가 열렸다. 그때마다 도광의는 경주에 왔다. 그가 경주에 오면 어김없이 손춘익도 찾아와서(손춘익은 이름 그대로 봄날개로 통했다.) 셋은 경주에서 만났고 만나면 술이었다. 그때 자주 드나들던 곳이 "통술집"이었고, 쪽샘도 자주 드나들었는데 주로 "천관옥"이라는 술집이었다. 천관은 신라 김유신의 사연이 얽힌 천관녀의 이름을 그대로 딴 술집이었다.

신라문화제는 전야제라는 것이 있었는데, 이 전야제는 주로 협회별로 주관하여 우리 문인협회는 내일의 백일장을 위해 통술집에서 전야제를 시작하는 것이었다. 밖에는 불꽃놀이를 하고 술집 안에서는 술을 마시며 축제 분위기 속에 젖었다. 문인협회에서는 백일장 준비를 마치고 미리 얻어 놓은 여관에 들러 밤새도록 술을 마셨다. 그때 문협 전용 여관은 중앙파출소 앞의 천우여관이었다. 전야제에서 술을 마시고는 바로 여관으로 가서 자지 않고 쪽샘 천관옥으로 갔다. 도광의, 손춘익, 김기문 그 외 몇 사람이 더 있었다. 밤늦게 술을 마시다 보니 벌써 새벽이 되었다. 몇 사람은 여관으로 돌아가고 우리는 술상을 대충 치우고 그 집 방에 누웠다. 우리는 술이 취해서도 좀처럼 잠이 오지 않았다. 그것은 옆방에 X양이라는 그집 아가씨가 혼자 자고 있었기 때문이다. 김기문, 도광의 그리고 나 세 사람이 잠을 자고 그 옆방에는 우리와 같이 놀던 김양이 잠을 자고 있으니 잠이 올 리가 없었다. 도광의가 주섬주섬 일어나서는 방문을 밀치고 그 방으로 건너가려 했다. 남은 사람은 신경을 곤두세워 어둠 속을 뚫어지게 바라보고 있었다. 그가 옆방 문을 열려는 순간 우리는 전기 스위치를 올려 불을 켰다. 놀란 그는 다시 모른 체 우리 방으로 돌아왔다. 다시 불을 끄고 잠을 자려고 할 때, 김기문이 방문을 밀치고 기어서 옆방 쪽으로 가고 있는 것이 아닌가. 완전히 문을 열고 넘어가서 문을 닫을 때, 내가 또 불을 켰다. 그는 계면쩍은 웃음을 흘리면서 도로 넘어왔다. 이렇게 하다가 날이 밝았다. 우리는 해장이라는 이름으로 또 식전 술을 마시기 시작했다.

오늘은 신라문화제 날이다. 우리는 백일장 장소인 내물왕릉으로 나갔다. 백일장에 참가하는 학생들이 구름처럼 모여들고, 서울, 대구, 울산, 포항, 부산 등지에서 문인들이 한두 사람씩 찾아왔다. 대구의 신동집, 김춘수, 박주일, 서울에서 박남수, 박목월, 문덕수, 김동리, 김구용, 박종우 이런 분들이 신라문화제 때마다 자주 내려 왔었다. 경향 각지의 문인들이 모인 가운데 백일장 행사를 시작하게 되는 것이다. 도광의는 아직 술이 덜 깨어 부스스한 얼굴로 그 장신을 휘청거리며 꾸벅꾸벅 인사를 하고 다녔다.

그가 깍듯이 인사를 하는 사람이 있으니 그는 포항에서 왔다는 어느 여선생이었다. 도광의는 그 여선생의 뒤를 따라다니면서 말을 걸었다. 그러나 그녀는 잘 받아주지 않는 듯했다.

"학생 데리고 왔심니까?" 했다.

그러나 그녀는 "예." 하는 한마디뿐이었다. 도광의가 다시 "입상 걱정은 마이소. 내가 입상 되도록 할 기요."

"………………."

역시 대답이 없었다.

도광의는 그날도 가지 못하고 경주에 머물러 있었다. 백일장 결과를 보고 가야 했기 때문이었다. 그러나 그가 재직하고 있는 D고등학교 학생은 한 사람도 입상자가 없었다. 당시 서영수가 문협 지부장이었는데, 서영수에게 직인이 찍힌 빈 상장 두 장만 달라고 매달렸다. 할 수 없이 서영수는 도광의에게 빈 상장 두 장을 주어서 대구로 보냈다. 뒷소문에 의하면 도광의는 글씨 잘 쓰는 사람에게 부탁하여 시부 차상과 산문부 차상을 적어 넣고 상품으로 트로피를 맞추어 학교에서 거창하게 전달식까지 했다는 소식을 후일담으로 듣고 있었다. 그는 그만큼 기인 행적을 서슴없이 잘하는 시인이었다.

시인과 잃어버린 팬티

경주문협과 안산문협은 1993년 자매 문협을 결성하여 우정을 나누고 있었다. 이문회우以文會友라 했던가. 서로 글로써 맺어진 벗인 동시에 자매문학협회이었다.

1993년 여름 안산문인들의 초대를 받고 찾아간 것이 '라성'호텔이었다. 그때 처음으로 자매 결연식을 갖고 경주와 안산이 자매문협으로서 발족된 것이다. 그날 저녁에 안산문협 회원들과 경주문협 회원들이 한데 어울려 문인 술 마시기 대회라도 하듯이 얼마나 마셨는지 지금은 도무지 이해하기 어려운 구석이 많았다. 경주의 이희목 차에 오르는 시인은 차 중에서부터 술이 거나하게 되어 「목마와 숙녀」를 거뜬히 외우기도 했다. 그날 밤에는 김동리 선생의 부인 서영은 씨가 경주의 회원들을 위해 갖다 준 안동소주 한 박스(대형 소주박스)를 여류 시인들이 홀랑 비우는 바람에 한밤중 병원 응급실까지 실려 가는 소동이 벌어졌다. 링거 주사를 꽂고 헛소리를 하던 Y여 회원을 생각하면 지금도 아찔하다. 모처럼 가정으로부터 해방된 여류 문인들이 세상사를 잊어버리고 마음껏 마시니까 그럴 수밖에.

1994년 경주 신라문화제 때였다. 안산 문인들을 초대하여 쪽샘 술집을 방황하면서 밤새도록 마시다가 이튿날 신라 문화 제 백일장이 있는 것까지 잊고 아침에 당황하여 우왕좌왕하던 일을 생각하면 술이란 결코 범상한 음식이 아니라는 생각이 들었다.

1995년 가을에는 안산문협에서 우리를 초대했다. 초대를 받은 경주문협 회원들은 신흥공업도시이며 서해안의 공단기지인 안산으로 갔다. 마침 그날은 제1회 성호문학상 시상식이 있었고 그 자리에서 자매 문협의 문학작품 낭독회가 있었다. 이날의 성호문학 수상자는 소설을 쓰는 신상성 작가였다. 우리는 미리 준비된 식장에 들어가서 뷔페로 식사를 마치고 "문학의 밤"을 시작했다. 그날은 주로 시작품을 낭독했으며 안산, 경주 시인들의 작품이 소개되었다. 그날 김해석 선생께서는 어정거리며 시간을 보낼 것이 아니라 열심히 마시고 뜨겁게 사랑하자고 하면서 오늘 밤은 아마 5차는 해야 하는데 미리 각오하라는 말을 했다. 재미있는 밤이 될 것이라고 생각하면서 문학의 밤을 마치고 밖으로 나왔다. 어느 족발 집으로 들어갔으나 미리 예약을 하지 않았기 때문에 곧 밀려 나왔다. 벌써 1차를 끝낸 셈이다. 그래서 어느 불고기 집으로 안내를 받아 들어가니 고기가 떨어졌다는 이유로 곧 쫓겨 나왔다. 그러니 2차가 끝난 셈이다. 3차로 들어간 집이 해장국집인데 그 집에는 술과 안주가 무진장 준비되어 있었다. 안산 문인들은 주로 소주를 마시고 경주 문인들은 맥주를 마셨다. 나중에는 맥주와 소주가 한꺼번에 들어오면서 청탁을 가릴 여유조차 없이 마구 마셔댔다. 3차에서 벌써 술이 취하여 정신을 잃을 정도였으니 가히 짐작이 갈 것이다. 문인 치고, 아니 시인 치고 술 못 마시는 사람 보았는가? 닥치는 대로 먹고 마시고 밤이 가는 줄을 몰랐다. 시간은 어느덧 12시가 훨씬 넘었다. 한 사람씩 숙소로 들어가고 끝까지 남은 사람은 김해석, 이근식, 정민호, 박주오, 안의선, 김종섭, 조신호, 이희목, 노종내 등, 십여 명 정도였다. 우리는 다시 광장으로 나왔다. 마침 광장에는 포장마차가 있어 늦게까지 영업을 하고 있었으니 그 쪽으로 몰려갔다. 우리는 다시 술과 안주를 시켰다. 소주에 맥주, 안주 몇 접시를 갖다 놓으니 '마파람에 게 눈 감추듯' 사라졌다. 우리는 자꾸 술과 안주를 시켜 마시고 먹었다. 온갖 잡담 농담 소리를 다하다가 늦게야 방으로 돌아왔다. 안양에 사는 시조시인 안의선이 방에 숨겨 두었던 맥주를 꺼내어 또 술을 시작했다. 그러는 동안 박주오 시인은 다시 포장마차로 가서 몇 사람이 또 마셨다는 것이다. 그러고 보면 5차는 해야 한다는 술자리가 6, 7차나 되었다. 중간에 가요주점에서 마시고 노래 부른 것까지 치면 8차는 됨직하리라.

문제는 여기서 끝나는 것이 아니었다. 725호실에서 문제가 발생한 것이다. 이근식, 박주영, 박주오 세 분의 시인들이 자는 방에서 박주오 시인의 팬티가 없어진 것이다. 아침에 일어난 박주오 시인은 잃어버린 팬티를 찾으려고 온 방을 휘젓고 다녔다. 그러나 문제의 팬티는 나타나지 않았다. 그것이 없어질 이유가 없다는 것이다. 몸속에 입었던 것을 남이 벗겨갈 일이 만무하며 스스로 벗어 던진 일이 없는 그것이 어디로 갔단 말인가. 이불과 요를 아무리 뒤져도 나오질 않았고 이불장, 문갑, 서랍, TV 뒤에, 화장대까지 뒤져도 잃어버린 팬티는 나오지 않았다. 박주영 선생은 "이 사람아, 정신 차려서 찬찬히 생각해 보아. 그게 어디 갔단 말인가." 하고 찬찬히 찾아볼 것을 권유했지만 잃어버린 것은 방안에는 없었다. 박주영 선생이 화장실 갔다 오다가 박 시인의 팬티를 찾아냈다. 어젯밤 술이 취한 박 시인은 방에 들어오자 말자

목욕탕으로 들어가서 더운물로 사워를 하고 돌아오면서 펜티는 거기에 두고 온 것을 깜박 잊었던 것이다. 그러니 술이 깨어 안 입은 펜티가 걸쳐져 있을 리가 만무했다.

웃지 못할 일은 727호실에도 발생했다. 밤 3시까지 마신 우리는 불을 끄고 잠이 들었는데 안양의 시조시인 한 분이 깜깜한 방에서 일어나 문 쪽 반대편 벽에 붙어 서서 볼일을 시작하는 찰나, 마침 잠이 깬 노종내 회원의 주선으로 간신히 홍수를 모면한 일이 있었다. 그냥 두었더라면 어떻게 되었을까. 벽에다 대고 실례를 했다면 그 방에서 잠잔 사람들이 웃지 못할 변을 당할 번 한 것은 뻔한 일이며 아침에 일어나 범인을 찾아내기란 더욱 어려운 일이다. 그리고 이부자리 세탁비까지 톡톡히 변상해야 하니 가난한 시인이 그 돈이면 소주 몇 병 더 마실 수 있을 것이다. 불행 중 다행이다.

우리는 아침에 일어나서 말끔히 세수를 하고 밤에 무슨 일이 있었느냐는 듯이 아무렇지도 않게 식당에 모였다. 분주하게 해장국을 먹고 해장술을 마셨다. 아침 해장술에 벌써 얼큰히 취해 주정을 하는 사람도 있었다. 머리는 아프고 '작취昨醉가 미성未醒'이라, 차에 올라 해양연구소까지 가는 도중에 속이 울렁거렸다. 약을 먹고 조금 있으니 속이 내려가고 눈이 뜨이기 시작했다. 해양연구소 슬라이드를 보는 시간에 누군가의 코고는 소리가 어둠 속의 적막을 뚫고 고요히 들려왔다.

제3부

청마시비에 얽힌 이야기

청마 선생이 경주를 떠나 대구여고를 거쳐 경남여고, 1966년에는 부산남여상 교장으로 발령을 받고 부임했다. 이듬해인 1967년, 그해 2월에 부산예총회관에서 회의를 마치고 술을 마시고 돌아오다가 좌천동 앞길에서 교통사고를 당해 부산대학병원으로 운반 도중에 운명했다. 그 이듬해인 1968년 가을에 청마시비가 경주 토함산 등산로 입구에 세워지게 되었다. 현대문학사에서 전국 문인들에게 모금하여 경주문인협회가 주관하여 토함산 등산로 입구 논바닥에 세워졌는데, 늦가을이라 논바닥에는 벼를 베어낸 그루터기가 그대로 있었다. 서울에서는 당시 현대문학사 주간인 조연현趙演鉉 선생과 백철, 청마의 동향인인 문덕수시인 등 많은 문인들이 내려왔고, 원형갑 선생은 대구로 가시고, 그 때 경주문협지부장은 성학원(소설가) 선생이었다. 경주의 문인들로는 성학원, 홍영기, 김정식, 김영식, 오경환, 박주일, 이근식, 이종룡, 전문수, 최용석, 정용원, 김홍주, 이오덕, 서영수, 정민호 회원들이었고, 또 대구에서 원현갑, 전상렬, 서울에서 김해석, 박

청마시비 앞에서의 필자

종우 선생도 참석하였다.

경주에서는 경주문인협회가 '시비건립위원회'를 만들어 준비를 서둘렀는데, 수월水月 선생이 기획을 맡았고, 글씨는 서예가 계전桂田 최현주 선생이 썼으며, 새겨진 청마의 시는 「석굴암대불」의 한 부분이 선택되었다.

> 목놓아 터뜨리고 싶은 통곡을 견디고
> 내 여기 한 개 돌로 누웠나니

이 「석굴암대불」은 모두 16행의 4연으로 되어 있는 시인데, 평론가 원형갑 선생의 선택으로 2줄만을 떼어다가 새긴 것이었다. 원형갑 선생의 글씨가 워낙 악필惡筆이어서 '한 개 돌로' 를 '함께 돌로' 로 오기誤記하여 주었기에 서예가 계전桂田 최현주 선생이 그대로 돌에 새기게 되었다. 이러한 사실을 아무도 아는 사람이 없었다. 중요한 시비에 글자 한 자가 잘못 새겨진 사실을 수많은 문인들이 제막식에 참석하였어도 알아본 사람은 아무도 없었다.

몇 년이 흘러갔다.

대구에 있는 젊은 시인 이재행李在行이 우연히 경주에 와서 청마 시비를 보고 잘못된 구절을 발견하고 그것이 『매일신문』에 기사화되어 세상에 알려지게 되었다. 청마를 사랑하는 경주의 문인들이 이것을 보고 가만히 있을 수가 없었다. 경주문협 회원들이 모일 때마다 입과 입으로 청마 시비詩碑에 잘못 새겨진 오류를 그냥 두고 볼 수가 없었다. 참다못해 고무신, 박종우 선생이 연탄재에 시멘트를 섞어 '함께'를 메워 '한 개'로 만들어 놓았다. 그것이 어찌 영원하랴. 비바람에 씻겨 일 년도 못 가서 떨어져 다시 '함께'로 환원되어버렸다. 그런대로 세월이 흐르고 해마다 청마백일장이 이 시비 앞에서 거행되었다. 행사 때마다 와서 보는 사람들이 청마시비에 대한 사연과 이론이 구구하여 무척 가슴 아픈 일로 남게 되었다.

1970년대 불국사 정화사업의 일환으로 청마시비가 불국사 경내로 들어가게 되었다. 이 사업을 담당한 불국사와 경주시에서는 청마시비를 옮겨 확장하게 되었다. 당시 지부장으로 있던 이근식 선생에게 공문으로 통보가 왔었다. 경주문협에서는, 옮기게 된 시비의 주변 정비 및 미화에 이르기까지 일임하여 달라고 위임하여 지금의 그 장소에 다시 세워지게 되었다. 시비가 있는 주위의 환경적인 미화는 훨씬 더 좋아지게 되었다.

어느 해 청마백일장을 앞두고 잘못 새겨진 글자를 고치기 위하여 고심 끝에 석보夕步 김봉환이 특수방법으로 고안된 돌가루에 약품을 섞어 글자에 메워 바르고는 석공에 의하여 다시 새기게 되었다. 처음에는 감쪽같았는데, 역시 돌이라 세월을 견딜 수가 없게 되었다. 지금 보면 획이 떨어져나가 서툰 모양 그대로 남아 있게 되었다. 시비詩碑를 다시 세우지 않는 한 잘못된 글자는 어쩔 수 없이 깊은 사연과 함께 영원히 남게 되었다.

해학과 초탈의 시인, 고무신 박종우朴鐘禹

경주 서쪽, 김유신 장군 묘소로 가는 길에 서천광장이 있다. 그 광장은 김유신 장군 묘소에 딸린 주차장으로 단장되어 있는 곳이다. 여기서 왼쪽으로 돌아가는 수도산 기슭에 시비가 하나 호젓하게 서 있는데, 이것이 고무신古無新 박종우朴鐘禹의 시비이다. 산 기슭에 위치한 이 시비 앞에 서게 되면 경주 토함산吐含山이 이마에 와 닿고 경주 서천이 굽이 돌아가는 경치가 아주 좋은 곳에 위치하고 있다. 이 시비는 『시문학사』에서 전국 문인들에게 모금하여 시인의 연고지인 이곳 경주에 세우게 되었는데, 수원水月 선생이 조각 제작했으며, 비의 전면에는 그의 시 「종」이 새겨져 있다. 시인 박종우는 경주가 고향은 아니지만 경주에 오랫동안 거주하면서 경주 K공고에 재직하고 있었다. 그때가 1950년대 후반이었다.

고무신古無新, 이는 박종우 시인의 아호였다. 들리는 바에 의하면 그의 아호는 자기가 지었는데, 고무신이란 말은 "옛것뿐이요 새것은 없다." 라는 뜻이라고 한다. 또 어떤 이는 "옛것은 없고,

어느 날 (좌)동리와 (우)고무신

모두 새것이다."라고 풀이하는 이도 있었다. 그는 그의 아호에 걸맞게 항상 고무신을 신고 다녔다고 했으니 그의 아호는 그대로 고무신과 연관 있는 것으로 되어버렸다.

그가 경주 K공고에 재직하고 있을 무렵 또 하나의 이야기다.

이분은 수업시간에 책을 안 들고 와서 수업하는 것이 특징이었다. 책 없이 교실에 들어오는 선생이 실력 있는 교사로 평가받던 시절이었다. 그래서인지 그는 출석부와 분필 한 개만 달랑 들고 수업 시간에 문을 열고 들어온다. 다른 교사들은 정중히 걸어서 교실에 들어가는 것이라면 그는 그런 속박에서 벗어나 그냥 산책이나 소풍 나가는 사람처럼 특유의 몸가짐으로 교실에 들어선다. 그는 항상 얼굴이 부스스하여 마치 잠자다가 뛰쳐나온 사람 같았다. 학급 실장의 "차렷! 경례!"가 끝나면 수업의 시작부터가 농담이다.

"선생님, 오늘 세수 했능교?" 어느 학생이 농담을 던진다. 고무신은 얼른 받아 "야 이놈들아, 세수를 어째 나날이 하노." 아이들이 와하고 웃는다. 그는 다시 정중한 태도를 억지로 지어가면서 한 말 덧붙인다.

"세수를 어찌 나날이 하며 목욕을 어찌 다달이 하노."

아이들이 또 와하고 배꼽을 잡는다. 매번 수업이 그랬듯이 책 없이 수업을 시작한다. 무조건 몇 페이지를 펴라고 해 놓고는 어젯밤 술집에서 있었던 일부터 시작하여 한 시간 동안 잡담과 패설로 일관해 간다. 그러다가 마침 종이 울리면 그는 교무실로 가지 않고 교실 구석자리에 앉아서 담배를 피운다. 당시 고등학생들은 연령도 높고 성숙해서 장가를 든 학생들도 있었다. 그는 일부러 담배를 손에 들고 "얘들아, 여기 담배 두고 가는데, 내 담배에 손대면 안 된데이." 했다. 고무신 선생이 화장실 간 뒤에 곧 학생들이 몰려와서 한 갑 담배를 다 빼내어 피워버린다. 다시 교실에 돌아온 고무신은 미리 예견이라도 했듯이 빈 담뱃갑을 들고서 학생들 앞에 보라는 듯이 빙그레 웃고는 구겨서 휴지통에 버린다. 그는 그만큼 자유분방한 시인 교사였다. 그렇기 때문에 학생들 사이에 고무신의 인기는 대단했다.

그는 쉬는 시간마다 운동장에서 축구를 자주 했다. 원래 축구는 혼자서는 못하는 경기이기 때문에 머리에 떠오르는 생각 하나. 그것은 각 학반 실장을 운동장에 불러내는 일이었다. 그는 방송실에 가서 스피커에 대고 "각반 학급 반장은 지금 즉시 운동장에 모여." 하고 방송을 한다. 영문도 모르고 운동장에 나온 각 반 실장들은 그대로 집합을 했다. 집합한 실장들을 이유 없이 따귀를 한 대씩 갈기고는 "얘들아, 우리 공 차자." 한다. 어이없는 실장들은 어쩔 수 없이 운동장에서 고무신 선생과 축구를 하지 않으면 안 되었다.

어느 해 봄 소풍이었다. 소풍 장소는 선도산仙桃山이었는데, 학생들은 고무신 선생이 술을 좋아하기 때문에 우선 술을 준비할 수밖에 없었다. 당시는 주로 막걸리가 주류를 이루었으니 학생들은 미리 양조장에 가서 술을 준비하여 당일 아침 학급 반장들이 모여 막걸리 말을 한데 묶어 나무 작대기에 꿰어 어깨에 메고 선도산까지 운반했다. 고무신 선생은 아침부터 계속 막걸리를 마시기 시작하여 점심도 안 먹고 오후쯤 되니 완전히 취하게 되었다. 술이 취하면 번득이는 기행과 주벽이 일어나기 시작했다. 고무신 선생은 학급 반장을 집합시켰다. 좋은 일 궂은일 할 것 없이 무슨 일만 있으면 학급 반장을 집합시키는 것이 보통이었다. 각 학급 반장들이 어김없이 집합했다. 고무신 선생은 그 앞에서 일장 훈시를 시작하는 것이다. "아 학급 반장 여러분, 내가 제군들을 집합시킨 것은…" 하고 서두를 시작했다. 다른 동료 직원들은 취한 고무신 선생을 진정시키려고 끌고 다른 곳으로 가려 했으나 허사였다. "야 이놈들아, 경주 시내에 막걸리밖에 없더냐? 응, 맥주나 위스키는 모두 씨가 말라죽었다 하더냐. 응, 이놈들아." 하고 호통을 치기 시작했다. 학급 반장들은 모두 잘못했다는 눈치로 사죄하는 시늉을 한다. 그때다. 정말 순식간에 벌어진 사태였다. 훈시를 하던 고무신 선생이 갑자기 막대기를 휘둘러 앞에 서서 훈시를 듣고 있던 학생의 머리통을 후려갈겼다. 학생의 머리에서는 붉은 피가 흘러 내렸다. 학생이고 선생이고 모두 어수선한 분위기에 겁에 질려 어쩔 줄을 몰랐다. 우선 학생들은 피가 흐르는 그 학생을 운반하여 병원에 가는 등, 사뭇 무거운 분위기 속에서 소풍 행사는 끝이 났다. 그러나 며칠 후에 학생들은 고무신을 쫓아내자는 데모를 모의하고 있었다. 학생들 사이에는 이런 일이 있은 다음날부터 수군수군하기 시작했고, 나중에 고무신 선생의 사건은 불문에 붙이기로 하여 그 후 차츰 잊어가고 있었다.

하늘이 맑은 푸른 가을날이었다. 그날도 다름없이 고무신 선생이 교실에 들어와서 수업을 하다가 갑자기 하늘을 쳐다보며 생각에 잠기기 시작했다. 잠시 후 고무신 선생은 학생들에게 잠깐 동안 자습을 하라고 했다. 그러고는 화장실에 다녀오겠노라 하면서 교탁 위에는 분필, 출석부까지 고스란히 놓아두고 나가신 고무신 선생은 마침종이 쳐도 돌아오지 않았다. 그 시간에만 안돌아 온 것이 아니라 다음 시간 역시 자습이었다. 이틀이 지나고 사흘이 지나도 고무신 선생은 학교에 나타나지 않았다. 삼사 일이 지난 어느 날 아침, 학교 운동장에서 전체 조회를 하기 시작했다. 운동장엔 학생들이 늘어서고, 앞에는 담임교사가 서고 학교장이 조회대에 올라가서 훈화를 하고 있을 무렵, 그때 갑자기 헬리곱터 한 대가 나타나 아침 조회를 하고 있는 학교 운동장 상공에서 날기 시작했다. 두서너 바퀴를 돌던 헬리곱터 안에 비로소 고무신 선생이 타고 있다는 사실을 발견하게 되었다. 그 안에서 그는 손을 흔들어 빙그레 웃으면서 자기의 소재를 알렸다. 몇 바퀴를 선회하던 헬리곱터는 운동장 구석에 앉기 시작했다. 완전 군인복장으로 갈아입고 계급장까지 달려 있는 모자를 눌러쓴 그는 자기가 입었던 민간복을 돌돌 말아서 허리끈으로 동여 묶어서 빙빙 돌리며 비행기에서 내려 곧장 운동장 조회를 하고 있는 학생들 앞에 섰다. 학생들과 교직원들은 반신반의半信半疑, 놀란 듯 우스운 듯 감탄을 감추지 못하고 낄낄거리기 시작했다. 고무신은 그 나름대로 충분한 이유가 있을 수 있는 일이었다. 나중에야 알게 된 사실이지만 고무신 선생은 전부터 친하게 지내오던 해병 장교 한 사람을 알고 있었다. 가을 하늘을 쳐다보고 수업을 하고 있으려니 갑자기 비행기를 타고 싶었던 것이다. 그래서 평소 알고 지내던 포항 해병사령부의 친구를 찾아가서 비행기를 한번 태워주기를 애원했기 때문에 그와 함께 군복으로 갈아입고 비행기를 탔던 것이다. 그만큼 그는 여유 있고 자유분방한 시인이요, 남의 눈치를 살피며 사는 사람이 아니었다. 뭐든지 하고 싶으면 곧바로 실행하는 그런 사람이었다.

고무신 박종우

1950년대 중반경 고무신 박종우 선생이 경주공고에 있을 때, 경주시내 고등학교 학생들의 문예활동은 대단하였다. 유치환 선생이 경주고등학교 교장으로 있었기 때문에 문인교사들이 많았다. 특히 청맥靑麥동인의 회원 거의가 경주 시내 중고등학교 교사였다. 그 멤버를 보면 박종우, 김윤식 김해석, 이원팽, 이종룡, 정연길, 김영식, 성학원, 홍영기, 황호근 등과 함께 활동하던 시기였다. 그 당시 경주시 문예지도 교사 '연합서클'이 있어서 자주 만나게 되었는데, 개천예술제 같은 중요 백일장에 참가할 때는 경주 시내 남녀 고등학교 학생들이 한데 모여 같이 가게 되었다. 그때에는 시내 고등학교 '연합지도교사회'에서 한 분이 학생 인솔을 하게 되는데, 고무신 선생이 자주 대회에 학생 인솔을 맡아 하였다. 고무신 선생은 미리 각 학교에 연락하여 출장비를 받고 학생들은 경주역 광장에 모이도록 지시하고 당일 경주역 광장에 나가게 된다. 백일장에 참가하는 시내 각 학교 고등학생들은 기차표를 사지 말라고 지시했다. 자기가 책임지고 기차를 태워줄 테니 차표를 사지 말라는 것이다. 그래서 차표를 산 사람은 한 사람도 없었다. 이윽고 차시간이 되어 고무신 선생은 백일장에 출전하는 학생들을 인솔하여 군인전용 개찰구인 R.T.O로 빠져나가게 했다. 고무신은 군인 관계자에게 미리 부탁해 놓았던 것이다. 이것을 안 학생들은 불안하여 기차는 탔지만 모두가 안절부절못했었다. 그러나 고무신 선생은 학생 모두를 인솔하여 특실에 들여보냈다. 학생들은 불안했지만 선생이 시키기 때문에 차표도 없이 모두 1등석을 차지하여 버티고 앉았다. 삼십여 명의 학생들과 인솔 교사 고무신 선생은 아무 거리낌없이 태연하게 특실 유리창 의자에 기대고 앉아 신문으로 얼굴을 가리고 잠자는 척 앉아 있었다. 기차는 대구를 거쳐 청도 밀양 삼랑진을 지나고 있었는데, 마침 그때 열차 승무원이 개찰하기 위해 특실 칸에 들어섰다. 승무원은 깜짝 놀라지 않을 수가 없었다. 학생들은 모두 무임승차를 하고 있었기 때문이다. 그때에는 주로 일반 서민들은 3등차를 타고 특실은 거의 비어 있거나 돈 있는 몇몇 사람만이 이용했다. 그런데 학생들이 새까맣게 앉아 있으니 승무원은 놀랄 수밖에. 어리둥절한 승무원은 학생들 앞에 와서 기차표를 내라고 했다. 그러나 차표는 없었다. 무임승차인 것이다. 학생들은 손가락으로 인솔 교사인 고무신 선생을 가리킨다. 개찰을 받는 학생마다 모두 고무신 선생을 가리키니 그제서야 주범(?)이 고무신 선생임을 알고 승무원은 창가에 앉아 신문지로 얼굴을 가린 고무신 앞에 성큼 다가섰다. 그는 머뭇거리다가

"…저- 선생님, 좀 뵐까요."

"…………….."

"저 선생님, 저 좀 뵐까요?"

"…………….."

두 번째 역시 묵묵부답이었다. 고무신 선생은 한참 후에야 고개를 돌리며 귀찮은 듯이 묻고 있는 승무원을 올려다본다. 그러고서는

"야, 너 나 몰라?" 하고 날카롭게 물어댄다.

"선생님, 전 잘 모르겠는데요." 하고 주저주저한다. 고무신은 그때를 놓칠세라 날카로운 소리로 고함을 꽥 질렀다.

"너는 도대체 몇 기야. 너희 학교 선생도 몰라?"

"저 X기인데요." 하고 승무원은 풀이 죽어 교통고등학교 졸업 기수를 댄다. 그때를 놓칠세라 고무신은

"야, 너희 학교 교가 한번 불러봐." 하고 고함을 친다. 승무원이 머뭇거리고 있을 때, 찬스를 노린 듯이 고무신이 음성을 조금 낮추더니

"너희 학교 교가 내가 지었잖아. 몰라? " 하고는 부드럽게

"수고한다. 다른 데 한번 가봐." 하고 승무원의 어깨를 툭툭 치면서 위로하듯 했다. 승무원은 거수경례를 하면서 가버렸다. 그 후 목적지 역에 도착하여서 그때부터가 문제였다. 그래서 고무신은 학생들을 불러 다음과 같이 지시했다. "애들아, 우리가 오기는 다 왔는데, 역을 빠져나가는 일만 남았다. 그래서 지금부터는 각자 행동이다. 제군들은 어디로 나가든지 몇 시까지 역 앞에 있는 중국집으로 모이도록 한다. 지시 끝."

이렇게 되고 보니 모두가 각자 역을 빠져나갈 궁리를 마음속으로 하고 있는 것이다. 무임승차로 특실을 타고 오기는 잘 왔지만 그다음부터가 문제였던 것이다.

K시인이 경주시내 K고등학교에 다닐 때 이야기다. 역시 고무신 선생과 함께 진주 개천예술제 백일장에 참석했던 것이다. K는

당시 학생이고 고무신 선생은 경주공고 교사로서 경주 시내 문예반 학생을 인솔하고 갔었다. 대다수의 백일장이 그렇듯이 지도교사의 영향을 받게 마련이다. 마찬가지로 인솔 교사가 자기가 인솔하여 온 학생이 입선하기를 희망하게 되는 것이다. 그러나 현장에 가서는 지도할 시간과 기회가 없는 것이 보통이다. K학생이 참석한 개천예술제는 백일장에 참석한 학생들을 모두 교실에 모으고 감독교사까지 배치했는가 하면 교실에서 제목을 발표하여 백일장을 무슨 입학시험을 치르듯 엄하게 실시하였다. 그래서 고무신 선생은 K학생을 지도할 시간이 없었던 것이다. 생각다 못한 그는 비상수단을 썼다. 그것은 발표된 제목을 보고 그 제목에 맞는 시를 써서 K학생에게 넘겨주는 일이다. 그러나 교실 안에서 백일장에 참가한 학생에게 넘겨주는 일이란 그리 쉬운 일이 아니었다. 고무신은 할 수 없다는 듯이 보드라운 종이에다 시를 적어 가늘게 말아서 자기 만년필에 넣고 뚜껑을 닫아 K학생이 있는 교실로 가서 넘겨주게 되었다. 교실에서 열심히 그 제목에 따라 작품을 쓰고 있는 K학생을 큰소리로 부르기 시작했다.

"경주에서 온 아무개 학생."

K학생은 유리창 밖에서 자기 이름을 부르고 있는 고무신 선생을 보고 깜짝 놀라 대답했다. 고무신 선생은

" 야– 임마, 장가가는 놈이 XX두고 간다더니, 백일장에 가는 놈이 만년필을 잊어버리다니. 예끼 놈"

하면서 그 학생에게 만년필을 무사히 건네주었다. 만년필을 받아 든 그 학생의 머리에서는 뭔가 잡혀오는 것이 있었다. 고무신 선생, 그러면 그렇지. 하고 만년필 뚜껑을 열어보니 아니나 다를까 얇은 종이에 시를 적은 것이 꼬깃꼬깃 접혀져 있었다. 고무신 작품을 백일장에 제출하여 장원했다는 소문은 못 들었지만, 고무신

선생이 만년필 속에 자기가 지은 시를 넘겨준 사실은 고무신 본인의 입을 통해 익히 들었던 것이다.

언젠가 고무신 선생이 개천예술제 백일장 심사위원으로 추대되어 학생 작품을 심사하러 심사장에 나타났다. 전날 저녁부터 친구들과 어울려 술을 퍼마셨기 때문에 심사할 때 원고지의 글씨가 가물거려 잘 보이지 않았다. 아무리 원고를 보려고 해도 잠이 오고 피곤하여 원고지가 잡히지 않았다는 것이다. 마침 화장실 가는 길에 여관집 주인이 먹으려고 약탕기에 끓이고 있는 인삼탕을 봐 둔 것이 생각났다. 그는 그릇을 준비하여 주인의 눈치를 살펴가며 인삼이 끓고 있는 약탕기의 내용물을 몽땅 붓고 거기에다 물을 가득 부어 불 위에 도로 올려 두고 그것만 들고 나와서 심사장으로 왔다. 심사하고 있는 원고지 옆에 인삼 끓인 물을 놓고 조금씩 마시면서 심사를 했다. 그러니 눈이 빤하게 뜨이더라는 것이다. 당시 심사위원으로 조지훈, 설창수, 이경순, 조진대 그리고 고무신 선생 등, 여러 문인들이 있었다고 했다. 고무신 선생이 갑자기 무릎을 탁 치며 장원 작품이 나왔다고 큰 소리 치는 바람에 좌중 심사위원들은 흥분하여 읽어보라고 했다. 고무신은 감정을 섞어 시 낭독을 했다. 워낙 낭독에 뛰어난 고무신인지라 그 소리만 듣고서도 심사하는 분들은 감탄을 했다. 그 작품이 경주 학생의 것임에는 두말할 나위도 없었다. 그것도 모르는 조지훈 선생은 그것을 도로 받아서 감정을 넣어 다시 시 낭독을 하면서 무릎을 치곤 했다. 그 작품이 바로 그해의 장원 작품이 되었던 것이다.

필자가 P고교 재학 시절에 고무신 선생이 전근을 왔다. 아침 조회 때 부임 인사차 조회대 위에 올라온 고무신 선생이 한 말로 가관이었다. 어젯밤 새도록 술을 마셨는지 얼굴은 부은 것 같기도 하고 검은 듯 붉은 듯 눈꺼풀은 좀처럼 떨어질 것 같지 않는 그런 표정이었다. 마치 잠자다가 뛰쳐나온 사람 같았다. 그러나 일단 단상에 올라서서 하는 부임 인사 하나는 요즈음 말로 끝내주었다. 학생들은 처음에는 웃다가 하나같이 감탄하며 그의 달변에 혀를 내둘렀다. 청중을 휘어잡는 그의 말솜씨는 대단했다. 그 날 오후 러닝셔츠 차림으로 운동장에서 축구공을 굴리고 있는 사람이 있었는데 그 사람이 바로 오늘 아침 부임 인사를 한 고무신 선생이었다. 이마에 땀을 뻘뻘 흘리며 혼자 운동장에서 공을 굴리고 있었다. 공부를 마치고 집에 돌아가는 학생들을 붙잡고 같이 공을 차자고 으름장을 놓곤 했다. 그는 그만큼 자기가 하고 싶은 일에 대해서는 예의나 체면을 지킬 줄 모르는 사람이었다.

부임하여 며칠이 지난 어느 날 "말본(국문법)" 시간이 되어 처음으로 우리 교실에 고무신 선생이 수업하러 왔다. 그는 분필 한 개와 출석부만 달랑 들고, 뛰다시피 교실에 들어와서는 들어오자마자 유치환 선생의「울릉도」를 소리 높여 낭송했다. 어느 친구가 어디서 들었는지 모르지만 "저 선생님이 시인 선생 이란다." 했다. 아는 사람은 알고 있었다. 그날 한 시간 수업은 여러 가지 잡담으로 일관했다. 최현배 선생의 추종자인 그는 최현배 문법에 대해 이야기했고 대학에서 강의했던 이야기 그리고 경남 진주(진주)에 삼인 시집(설창수, 조진대, 이경순) 출판기념회에 참가했는데, 출판기념회 석상에서 "이번 3인 시집 저자가 설창수, 조진대, 한 사람은 누꼬?" 하고 "조진대" 라는 말에 액센트를 주어 발음하다가 설창수 선생한테 호되게 당했다는 이야기, 심지어는 음담패설까지 동원하여 한 시간 수업을 끝냈다.

한번은 아침 조회 때에 교장 선생의 훈화에서 연세가 든 분의 말씨에 흔히 쓰이는 "학습을 학십, 연습을 연십"이라고 발음하니까 학생들이 하하하 하고 소리 내어 웃었다. 교장 선생의 훈화가 끝나기가 무섭게 교단에 뛰어 올라가서 학생 여러분, 방금 교장 선생님께서 "학습을 학십이라고 말씀하신 것은 엄연한 문법체계에 의한 것입니다. 최현배 선생의 말본을 보게 되면……." 하고 교장 선생의 말이 문법적으로 타당하다는 이론을 억지로 설명하고서는 교단에서 내려오는 모양이 또한 배꼽을 잡게 했다. 그냥 계단으로 내려오는 것이 아니라 토끼처럼 조회대 위에서 팔을 흔들어 넓이뛰기 하는 모양으로 땅에 뛰어 내려오는 것이었다. 그래서 한바탕 웃음바다가 되기도 했다.

한번은 P고등학교 최 교장이 '민주교육' '학생 여론'이라는 슬로건을 내걸고 교장실을 개방하여 학생 여론을 청취하겠다고 했다. 그런데 이 여론이란 것이 고무신 선생에게 불리하기 짝이 없는 것들이었다. 선생의 비행이 모두 학생을 통해 교장의 귀에 들어가는 일, 수업 시간 중에 헛소리하는 일, 술집 아가씨와 어떻게 된 이야기, 이런 여론이 교장의 귀에 바로 들어가는 것이다. 그래서 고무신은 결심을 하게 되었다. 고무신이 열려 있는 교장실 문에 들어섰을 때, 교장은 부재중不在中이고 교장의 책상 위에는 책이 펼쳐져 있고 책이 펼쳐져 있는 책갈피에는 파카 만년필이 놓여 있었다. 당시 미제 파카 만년필이면 최고급품이었다. 이때다, 교장 길들이기 좋은 기회. 그는 순간적으로 그렇게 생각했다. 그래서 파카 만년필을 집어 주머니에 넣고 유유히 교징실을 나왔다. 그 후 아무 일 없이 며칠이 지나갔다. 직원회의 때 교장이 자기 만년필 분실에 대한 이야기를 했다. 혹시 보신 분이나 학생들이 가져간 일이 있으면 돌려달라는 것이었다. 그때 고무신 선생은 자리에서 일어나 이렇게 말했다.

"교장 선생님, 그것 보십시오. 학생 여론을 청취한다 하시면서 교장실 문을 개방하신 것부터가 잘못된 것 아닙니까? 이대로 나가다가는 어찌 만년필뿐이겠습니까? 교장실 좋은 물건 거의 도둑맞게 생겼으니 교장 선생님, 이 어떻게 하시렵니까?" 하고 말했다.(실은 그 만년필은 벌써 술집에 가서 잡히고 술 마신 지 오래지만…….)

그 후부터 교장 선생은 교장실 문을 철폐하고 학생들의 출입을 막아버렸다.

어느 날 아침 조회 때 교장 선생님께서 오늘 떠나는 선생님의 이임 인사가 있겠다고 소개했다. 바로 고무신 선생이 이 포항고등학교를 떠나게 된다는 것이다. 교장의 말씀인즉, 이런 내용이었다. 교장 자신은 고무신 선생을 훌륭한 교사라고 생각하는데, 기성회장의 건의에 의하여 전출하게 되었다는 것이다. 기성회장의 건의 내용은 교사(고무신 선생)가 대폿집에 앉아서 술을 마시며 술집 작부를 희롱하는 것은 교육자로서 심히 잘못된 짓이며 또 길 가는 학생을 불러들여 함께 술을 마시는 것은 도저히 이해할 수 없으며, 설사 실력 있고 잘 가르치는 교사일지라도 배우는 학생이 그의 행동을 본받을까 염려되니 전출시키라는 압력이 들어왔다는 것이다. 고무신 선생은 시인으로서 실력 있고 유명한 교사라는 것은 나도(교장) 잘 알고 있지만 학부형의 건의이니 어쩔 수 없다는 것이었다. 곧이어 고무신 선생은 교단에서 취임 인사 때처럼 이임 인사도 유머러스하게, 하나도 슬프거나 구겨진 말을 하지 않고 유창하게 이임 인사를 하고는 바로 교문으로 나갔다. 지금도 매우 인상적이라는 생각이 든다. 그는 그 길로 안동고등학교로 갔다는 사실을 나중에 알게 되었다.

1960년 나는 서라벌예대에 입학했다. 문예창작과에는 고교 때 글 쓰던 친구들이 모여 있기 때문에 각 지역 시인이나 고교 때 시인 선생에 대해 잘 알고 있었고, 모이면 빈번하게 고무신 선생도 화제에 떠오르게 되었다. 같은 학과에 김길원(안동고 졸업)이라는 친구가 있었는데 그가 바로 고무신의 제자였다. 어느 날 명동 돌채에 고무신 선생이 나온다는 소식을 듣고 김길원과 함께 '돌채'에 간 일이 있었다. 그는 고교 교사를 그만두고 상경하여 무의탁으로 떠돌아다니던 시절이 있었다. 그때 고무신은 『습지濕地』라는 시집을 공초 오상순(空超 吳相淳) 시인의 서문을 받아 출간했었다. 오상순의 '청동시대靑銅時代'에 함께 휩쓸려 명동에 나가던 때였다. 우리는 돌채에 찾아가서 기다렸으나 그날에는 고무신이 나타나지 않아 못 만나고 돌아왔다. 소문에 의하면 1960년대 최대의 여배우 전 아무개와 "목하연애중目下戀愛中"이라고 했다. 고무신 시인이 영화배우와 연애한다는 사실을 고무신을 알고 있는 모든 사람은 다 알고 있었다. 그때 고무신 선생은 일정한 주소가 없이 제자 자췻집을 전전했었다. 안동고의 제자인 시인 김용진의 집에서 함께 기거하게 되었다. 그러니 불편한 쪽은 양쪽 모두였다. 특히 담배가 그러했다. 술도 마음 놓고 마실 수가 없었다. 그러니 고무신은 같은 방에 기거하는 제자에게 금연을 강요하지는 못했다. 선생과 제자가 맞담배는 곤란하지만 돌아앉아 피우고 술은 마주앉아 마셨다. 그때에 발간한 그의 시집 『濕地』를 제자들이 들고 다니며 팔아오게 해서 그것으로 함께 자취생활을 했다는 것이다. 그래서 김길원金吉源은 시집 『습지濕地』를 들고 다니면서 국학대학, 동국대학, 예술대학 학생들에게 팔기도 했다. 고무신 선생은 재향군인회 출판부에서 근무하게 되면서부터 걱정을 덜게 되었다고 했다.

경주문협 소풍가는 날

필자가 경주문협에 처음으로 가입하니 성학원(소설가) 선생이 문협 지부장으로 있었다. 지금 생각하면 까마득한 옛날 같이 기억된다. 회원이 모두 십여 명, 경주시내 국어과 교사들이 주로 회원으로 있었다. 부지부장으로는 홍영기 선생, 박주일, 이근식, 전문수, 김녹촌, 김영식, 정용원, 서영수, 김홍주, 정민호였고, 고무신 박종우 선생이나 김해석 선생은 이미 서울로 떠나고 없었다. 그 후에 김기문, 정진채, 이동태 회원 등이 더 들어왔다. 초등학교 문예지도 교사도 있었고, 지금은 이름마저 잊어버린 중고등학교 국어교사도 더 있었던 것 같다. 회의는 월례회로 자주 열었는데 주로 '통술집'에서였다. '통술집'은 지금 영국제과 부근으로 생각나지만 확실하지는 않았다. '통술집'에서는 '성동양조장' 직매점으로 주로 막걸리를 팔았고, 안주는 꽁치구이나 두부찌개나 비지찌개를 내놓았다. 비지찌개는 그냥 얼마든지 퍼주는 서비스 안주였다. 십여 명 남짓한 회원들이 한방에 앉아서 월례회 하기에 안성맞춤이었다. 시간은 주로 퇴근 후에 모이니까 거의 전

1960년대 초창기 경주문협 회원들(구 박물관)

원이 참석했다.

신라문화제 때는 외부 문인들을 초대했는데 외래 문인을 초대할 때는 지부장, 부지부장, 사무국장 외에는 그 방에 들어가지 못했다. 손님이 있는 자리니까 회원들이 처신없이 손님과 동석하는 것을 꺼려 곧장 성학원 지부장이 회원의 이름을 거명하며 축출시켰다. 그래서 그 유명인사를 초청한 방에는 얼씬 못하고 멀리 떨어져 밖에서 마시거나 아예 나타나지 못했다. 그러나 김영식 같은 사람은 그 방에 들어가서 온갖 재미있는 잡담을 잘했기 때문에 들어갈 수 있었다. 그는 '차비'를 '신체 운반비' 로, '생전처음' 이란 말을 '두상출모지호頭上出毛之後'란 말을 써서 자주 웃기곤 했다.

한번은 여름날 서천에 천렵 겸 야외 소풍을 떠났다. 그날 모인 문협 회원들이 칠팔 명, 냇가에 솥을 걸고 포장을 치고 냄비나 그릇을 갖다 놓고 소위 본부석을 차렸다. 지부장은 상석에 앉아 나이 젊은 회원들을 불러 모두 냇물에 들어가서 그물 반도로 버들치, 미꾸라지를 잡아오게 하고 본부석에는 지부장과 나이 많은 회원들만 앉아 있었다. 그러나 젊은 사람들이 고기 잡는 기술이 없어 한 마리도 못 잡아 왔다. 성학원 지부장은 “고기도 못 잡는 놈들이 무슨 시를 잡느냐?” 하고 고래고래 고함을 질렀으나 고기잡이 기술도 아무나 되는 것이 아니었다. 결국은 지부장이 냇물에 들어가서 고기를 잡아 왔고 찌개까지도 성학원 지부장이 다 끓여서 소주를 그릇에 따라 마셨다. 성학원 선생은 강원도 출생이었다. 강원도 사람들은 소주를 소주잔에 따르지 않고 곧장 밥그릇에 따라 마신다고 하면서, 그도 빈 그릇에다 그득하게 소주를 따라 마셨다. 그날 우리는 독한 소주에 취하여 흐느적거리며 돌아왔다.

그 후에 문협 지부장은 성학원이 경질되어 홍영기 선생으로 바뀌었다. 그 이유인즉, 성학원 선생의 아드님이 경주고에 다녔는데, 학교에서 과외비를 받는다는 이유로 경북도 교육위원회에 투서가 들어왔는데 그 사실이 도 장학사에 의해 성학원 지부장으로 밝혀졌다. 당시 중고등학교 교사로 있던 회원이 많았기에 그것을 문제 삼아 지부장을 바꾸어야 한다는 여론 때문에 홍영기 선생으로 지부장이 바뀌기에 이른 것이었다. 이 때문에 서영수 선생이 억울한 누명을 쓰고 ‘모사꾼’이 되어 성학원 지부장의 눈밖에 나기도 했다. 그 후 성학원 지부장은 신라중학교에 근무하면서 고혈압과 당뇨가 심해서 오십대에 세상을 떠나고 말았다.

내가 경주로 근무지를 옮겨오고는 그해 여름으로 기억된다.

옥산서원으로 문협 소풍을 떠났다. 홍영기 지부장, 전문수 사무국장, 김정석, 이춘담, 서영수, 김홍주, 정민호, 김기문, 이동태, 이채형 그리고 여자 회원이 몇 사람 더 있었다. 마침 서울에서 고무신 박종우 선생이 오셔서 함께 떠나기로 했다. 안강역까지 기차로 가서는 옥산서원까지는 걸어서 갔다. 산대를 거쳐 시름시름 걷기 시작하는 그야말로 소풍날이었다. 안강역에서 옥산서원까지 잠시도 입을 쉬지 않고 이야기하는 사람은 고무신이었다. 고무신의 해학적인 말솜씨에 노상 그의 입만 쳐다보며 걸었다. 고무신 왈,

"소 다섯 마리 몰고 가겠나, 선생 하나 몰고 가겠나?" 하면 "나는 소 다섯 마리 몰고 가는 것이 낫겠다."

"소 열 마리 몰고 가겠나, 신문기자 하나 몰고 가겠나?" 하면 "나는 소 열 마리 몰고 가겠다."

"소 열다섯 마리 몰고 가겠나, 시인 한 사람 몰고 가겠냐?" 하면 "나는 소 열다섯 마리를 몰고 가겠다." 하면 모두 하하 하고 손뼉을 치면서 웃었다. '나는 소 백 마리 몰고 가겠다.' '나는 시인 열 사람 몰고 가겠다.' 어떤 사람은 '나는 어렵다는 시인 한 사람만 데리고 가겠다.' 하면서 웃으며 걸어가니 어느덧 옥산서원에 도착했다.

우리는 흐르는 물가 바위에 앉아 밥을 짓고 막걸리를 마시며 놀았다. 홍영기 선생이 색다른 음식을 많이 준비하여 왔다. 배가 부르고 술이 거나하게 취하니 우리는 현장에서 3행시 백일장을 열었다. 제목은 고무신 선생이 내고, 고무신 선생이 심사까지 맡았다. '서라벌' 이란 두음으로 시작한 백일장이었다.

서라, 서라, 서라 가다가도 서라.
라, 라, 라, 흥겹게도 막걸리 한 잔 더
벌판의 끝없는 하늘 푸르기만 하여라.

이런 내용의 시가 그날 장원을 하였다. 지금 생각하면 이런 이미지였는데 아마 젊은 회원의 작품인 듯하다. 아니면 어느 여자 회원의 작품이 아닌가 싶기도 하다. 세월 속에 까마득하게 묻혀 가고 지금 생각해도 잘 떠오르지는 않는다.

고무신 앞에서 폭군으로 변한 이채형

– 습지濕地? 양지陽地? 그게 시요?

어느 해 가을, 신라문화제 때 고무신 선생을 초대한 일이 있었다. 그리고 미당 서정주 선생도 함께 초대되어 왔었다. 당시 고무신은 서울서 거주하고 있었고, 박주일 선생은 경주문협 지부장으로 있을 때이니 꽤 오래전의 일이다. 그때 미당 서정주 선생도 초대되어 시화전을 열고 동시에 백일장, 문학의 밤을 신라 문화제 축제의 행사로 실시했다. 그때 고무신 선생은 문학강연회에서 즉흥 연재로 "청마와 미당"이란 주제로 강연을 했다. 내용인즉, 청마는 경주의 시인으로서 신라인답게 생활한 분이요 미당은 백제인으로 서울에 살면서 그것도 신라와 전혀 관계없는 사람이 『신라초新羅抄』등, 시집으로 "신라를 우려먹는 사람"이라는 말까지 했다. 그는 그의 취중연설을 통하여 청마와 미당을 비교함으로 장내를 시끄럽게 한 것은 너무도 유명하다. 그는 연설을 마치고 웅성거리는 강연장을 빠져나와 혼자 대폿집에서 술을 마시다가 나중 문학행사가 끝나고 전체 회원과 초청 인사들이 모이게 되는 '옥이식당'에 고무신이 나중에 나타나서 술상에 막걸리 잔을 던짐으로써 그날의 행사는 막걸리 세례로 막을 내렸다.

이튿날 고무신 선생이 나타난 것은 문협 시화전이 열리는 "티파니" 다방이었다. 몇 명 회원들이 티파니에 나가 시화 작품을 지키고 있을 때, 강동 단구에 있는 젊은 작가 이채형이 명주 바지저고리에 두루마기까지 걸치고 유쾌한 표정으로 경주에 나타났다. 그는 그때 서라벌예대 문예창작과에 재학하고 있었다. 귀향하여 고향인 강동에서 작품을 쓰고 있다가 문협 행사에 모처럼 성장盛裝으로 나타났던 것이다. 그날 오후 김기문, 이채형, 고무신, 필자, 시청 문화과 직원 몇 사람이 시화를 감상하고 있었다. 고무신 선생은 어제 마신 술 때문에 오늘 아침 해장을 했고, 그 해장술이 오후가 넘도록 깨지 않은 듯 얼굴이 구릿빛이요 입과 코에서는 연신 술 냄새가 계속 풍겨 나왔다. 이채형이 자리에서 일어나 고무신이 앉아있는 앞까지 가서 공손하게 인사를 올렸다. 이것이 후배가 선배에게 올리는 예의 바른 인사였다. 그런데 고무신 선생은 다리를 꼬고 앉아 다방 천장만을 쳐다보며 관심 없다는 듯 "흥"하고 외면하는 것이 아닌가. 이채형은 기분이 별로 좋지 않은 모양이었다. 고무신은 그 옆에 비어 있는 자리로 가서 앉았다. 고무신은 이채형과 이야기하는 것이 귀찮은 표정이었으나 이채형은 어떡하더라도 고무신과 이야기를 하고 싶어하는 눈치였다.

"박 선생님." 하고 이채형이 고무신 선생을 불렀다. 고무신은 이채형의 부르는 소리에

"왜 불러." 하고 대수롭지 않게 대답하고는 다시 다리를 고쳐 꼬며 천장만을 쳐다보았다. 이채형이 다시,

"선생님, 저 실례가 안 된다면 제가 막걸리 한잔 사겠습니다."

하고 정중히 말했다. 그러나 고무신은 대답도 없이 한 번 훑어보고는 또 말이 없다. 그래서 이채형은 다시

"선생님, 저 촌에서 살고 있는데요. 선생님 모시고 대포 한잔을 올리고 싶습니다. 실례가 안 되면 선생님을 모시겠습니다."

최대로 정중한 말투였다. 지극한 공손은 오히려 상대를 기분 나쁘게 했는지 그것이 고무신한테는 불만인 모양이었다. 이윽고 고무신이 입을 열었다. "젊은 그대가 원하신다면 먹어 줄 용의는 있지." 했다. 주위에 있는 우리는 속으로 웃음을 감출 수가 없었다. 우리는 티파니 다방에서 나와 걸었다. 김기문, 이채형, 고무신, 필자 그 외 몇 사람이 더 있은 듯하다. 찾아간 곳이 '옥이집'이란 대폿집이었다. 우리는 테이블을 중심으로 둘러앉았다.

이채형은 막걸리 다섯 되를 한꺼번에 불러 놓고 고무신 선생에게 술을 따르기 시작했다. 한복에 두루마기를 차려 입은 젊은 선비답게 왼손으로 오른쪽 두루마기 소매를 잡고, 선 자세도 아니요 앉은 자세도 아닌 엉거주춤한 자세로 고무신의 빈 술잔에 술을 따랐다. 그는 매우 정중했다. 좌중에 모두 막걸리 잔이 놓아지고 대화가 시작되었다. 주로 문학에 관한 이야기들이었다. 이채형이 문학 이론에 열을 올리며 음성이 높아가기 시작하니 고무신은 젊은 이채형의 하는 행동과 말씨가 못마땅한 눈치였다. 그는 요즈음 대학생들의 문학 이론과 서울 문단에 대한 이야기를 하다가 중용中庸에 관한 한문 이론으로 넘어갔다. 이것을 듣고 있던 고무신 선생이 갑자기 역정을 부리며 "젊은 친구가 뭐 말라죽은 게 문학이냐." 하고 꽥하고 소리를 질렀다.

"……."

술좌석은 갑자기 조용해졌다. 모두 입을 다문 것이다. 이 말에 기분이 나빠진 이채형은

"주모, 여기 큰 대포 사발 한 개 주이소." 하고 주인에게 고함을 치듯 말했다.

주인은 얼른 우동 사발처럼 생긴 큰 대접을 하나 가져 왔다. 이채형은 손수 주전자에 들어 있는 막걸리를 콸콸 소리가 나도록 따라서 연거푸 세 잔을 마셨다. 넉 잔째 술을 따르고 주전자를 탁자 위에 쾅 소리가 나도록 힘차게 놓고는,

"어이, 선생님. 당신 시가 시요?" 했다. 갑자기 폭군으로 돌변한 이채형을 물끄러미 바라보던 고무신은 어이가 없는 듯

"촌놈치곤 제법 똑똑 하군." 했다. 이 말을 들은 이채형은,

"뭐요? 당신 시집, 응, 응, 습지濕地? 양지陽地? 그게 시집이요?" 하고 이채형은 흥분하여 말까지 더듬으면서 패기 넘치는 젊은 문인답게 고함을 치기 시작했다. 넉 잔이나 마신 막걸리가 이제야 그 효력을 발생한 것이다. 이래서 술자리는 깨어지고 모두 흩어져 갔다. 그 길로 이채형은 모처럼 강동 단구에서 신라문화제 행사에 나온다고 차려 입은 한복이 술 세례로 얼룩졌다. 그날 그 시간 이후의 이채형의 음주 편력은 알 바는 없지만 그날 저녁 백일장 심사장에 나타난 이채형의 모양은 말이 아니었다. 명주 바지와 저고리는 모두 찢어지고 게다가 술에 흠뻑 젖어 검은 두루마기는 흰 막걸리에 범벅이 되어 흰옷이 되었다. 옷고름은 죄다 떨어져 없어지고 신발도 한 짝이 없어 운동화를 신고 있었는데 그 모양을 본 김봉환이 데리고 가서 세탁하여 말끔히 새 옷으로 만들어 입혀 강동으로 보냈다고 했다.

고무신 선생은 그 후 거의 해마다 신라문화제 행사에 참석했었다. 초청장이 있든 없든 백일장에나 심사장에 나타나 큰소리로 작품을 읽으며 농담으로 일관하는 그의 말솜씨에 같이 웃기도 했

다. 어느 해 가을 신라문화제 때에 시인 김구용金丘庸 선생을 초청하여 문학행사를 했는데, 그때 지부장은 이근식 선생이었다. 그때는 아예 여관방을 몇 개 전세를 냈고 그 여관은 문인들로 들끓었다. 대구, 서울, 부산, 포항, 울산 등지의 문인들이 한데 모였다. 모여서는 각각 술을 마시다가 저녁 늦게 숙소인 '천우여관'으로 돌아오곤 했다. 고무신 선생은 어디 갔다가 12시가 넘어 술이 취한 채로 돌아왔다. 여관 복도에서 떠들썩한 소리가 들렸다. 알고 보니 지부장인 이근식 선생과 고무신 선생이 입씨름을 하고 있었다. 내용인즉,

"지부장은 뭐 하는 거야. 왜 독방을 마련하지 않았어!" 했다. 늦게 와보니 자기 방에 딴 사람이 자고 있었던 것이다. 그래서 문협 회원이 쓰는 방을 함께 쓰라고 지부장이 말한 모양. 이 말에 서울 손님으로 다 같이 초청해 놓고 김구용 선생은 독방을 주고 나는 왜 합숙을 시키느냐는 것이었다. 이렇게 옥신각신하다가 여관에 모인 문인들 모두 잠이 깨어 복도에 나와서 한 마디씩 하게 되었으니 여관은 떠나가듯 시끄럽고 나중에는 여관집 주인까지 나와 영업 방해라고 고래고래 야단법석이었다.

서울에 올라가 만난 '반달' 할아버지
– 손춘익 그리고 거울 보고 술 마시기

손춘익은 나와 문학청년 시절부터 문학에 열의를 쏟으며 함께 문학을 했다. 1972년『소년한국일보』에서 제정한 '세종아동문학상'을 받기 위해 서울로 가는데 나도 그의 수상을 축하하기 위해 함께 떠났다. 경주서 고속버스를 타고 서울에 도착하여 다시 시내버스를 타고 세종로를 거쳐 한국일보사에 도착했다. 처음『소년한국일보』를 담당했던 조풍년 씨를 만나고 곧이어서 시상식이 거행되었다.

시상식을 마치고 아동문학가들과 함께 찾아간 다방이 '경호'다방이었다. 거기에는 반달 할아버지 윤극영 님이 계셨기 때문이었다.

낮에 나온 반달은 하얀 반달은
해님이 쓰다 버린 쪽박인가요
꼬부랑 할머니가 물 길러 갈 때
치마 끈에 달랑달랑 채워줬으면.

– 윤극영의 「낮에 나온 반달」

손춘익은 윤극영 님께 착실하게 인사를 올라고 차를 마시면서 긴 이야기를 한참동안 했다. 이 다방은 반달 할아버지가 단골로 나오는 다방이었다. 내가 서울 가서 아동문학가를 대거 만나기는 그때가 처음이었다. 이재철, 신현득, 이원수 선생, 박홍근, 엄기원, 오세발, 박경용 등. 많은 아동문학가를 만나게 되었다.

우리는 어울려서 이원수 선생이 잘 간다는 삼미집으로 갔다.

방공호 문 옆에 따슨 볕 보고
민들레 노오란 꽃이 피었네.

문 밖에 나와서 볕 쬐던 애가
노란 꽃 가만히 만지어 보네.

저 아이 살던 곳은 일본이던가?
독립 만세 물결 속에 돌아왔겠지.

바라보면 서울엔 집도 많건만
내 나라 찾아와서 방공호 살이.

"봄이나 왔으면" 기다린 듯이
노란 꽃 가만히 만지어 보네.

– 이원수의 「민들레」(주간 소학생)

'삼미집'은 대폿집이었다. 우리는 거기서 어울려 많은 술을 마

왼쪽 필자, 박목월, 손춘익

셨다.

그 이튿날 아침에는 손춘익과 함께 원효로3가에 있는 목월 선생 댁으로 찾아갔다. 목월 선생은 반갑게 맞으며 손춘익이 세종아동문학상 받은 것을 축하해주면서 빙그레 웃으셨다. 그다음부터 목월 선생은 경주에 오시면 손춘익을 자주 찾고 손춘익은 서울에 가면 꼭 목월 선생 댁을 방문했다.

미당 선생 댁에 세배 가던 날

미당 서정주 선생은 내가 다니던 서라벌예술대학 문예창작과의 교수였다. 강의를 마치고 나오시면 우리 몇 사람이 같이 나와서 함께 미당을 모시고 교문 밖 다리를 건너서 대폿집으로 가서 앉았다. 약속도 없이 그대로 그 대폿집에 앉아 막걸리를 함께 마셨다. 우리는 자주 그랬다.

어느 해의 설날이었다. 미당 선생께서 공덕동에 계실 때였다. 우리 몇 사람이 세배를 갔는데, 미당 선생께서 "자내들 오늘 잘못 왔네!" 했다. 벽에 써 붙인 글을 보니 '斷酒' 였다. 새해부터 술 끊겠다는 결심으로 그렇게 써 붙인 것이다. 우리는 할 수 없다는 생각으로 둘러앉아 우리가 가져간 술을 마실 수밖에 없었다. 그러니 우리가 마시고 있는 술자리를 빙빙 돌더니 미당께서는 "아무리 그렇지만 한 잔은 마셔야지." 했다. "네 그렇죠. 딱 한 잔만요." 했다. 한 잔 술을 받으신 미당은 맛있게 자시고는 또 우리들이 술 마시는 주변을 빙빙 돌더니만, "그렇지만 한 잔 술이 어디 있단 말가?"하고는 한 잔 더 달라고 했다. "아이고 네." 하면서

미당 서정주선생

한잔을 더 드리니 벌써 술이 어느 정도 된 듯 우리와 함께 앉아서 술을 마시기 시작했다. 그리고 일어나서 미당께서 직접 쓴 '斷酒'를 뜯어서 쓰레기통에 넣어버리고 그날 아주 거나하게 술을 마시게 되었다. 시인의 결심은 오전도 못 넘기는 것이 시인이다. 그래야만 시를 쓰게 되는가 보다 했다.

한번은 신라문화제 때 경주에 초대되어 왔다. 미당은 술자리에서 술을 사양하는 것을 보지 못했다. 그날도 쪽샘으로 다니며 술을 마시다가 숙소로 돌아왔다. 그 숙소는 경주에서 제일 유명한 한옥 여관으로 이름은 '고도여관'이었다. 경주에 오는 일류 명사들만 오는 곳이었다. 이 고도여관에 여장을 풀고 있었는데 마침 방안에 놓인 신라 고기가 하나 있었다. 값이 나가는 고기古器였다. 그것을 본 미당은 그걸 만지면서 "그것 참 좋은데…… 참 좋은데……." 하면서 탐을 내고 있었다. 옆에 있던 박주일 시인이 그걸 집어다가 미당의 가방에 넣고 아무 말씀 말고 가져가시라고 했다. 미당은 반신반의하면서 가져가야 하나 말아야 하나 하고 있다가 결국 그것을 가지고 서울로 가버린 것이었다.

나중에 안 고도여관 주인인 정태연 여사는 우리 경주문협 회원들게 "여기에 두는 것보다 그런 명사의 댁에 두는 것이 더 좋을지도 모른다."라고 하면서 어쩔 수 없는 표정을 지었으나 그냥 지나가고 말았다.

통술집에서 막걸리 세례

경주문인협회에서는 해마다 목월백일장을 실시하고 있다. 1970년 중반쯤일 것이다. 그해에도 목월백일장을 실시했다. 그해에는 목월 선생님이 직접 오셨고 행사도 잘 끝이 났다. 그때의 경주문협 지부장은 이근식 선생이었고, 부지부장은 서영수 선생이었다. 부지장과 일할만한 회원들이 바쁘다는 핑계로 행사를 제대로 도와주지 않는 데에 지부장이 속이 많이 상해 있었다. 그런대로 행사는 끝나고 회원들은 통술집으로 가서 술을 마시는데 지부장인 이근식 선생은 목월 선생의 가방을 들고 고속버스까지 전송을 나갔다. 아무도 목월 선생의 전송을 가지 않는 데서 이근식 선생은 더욱 속이 상해 있었다.

회원들은 모두 통술집에서 한창 막걸리를 마시며 오늘 행사에 대해서 떠들고 이야기하고 있었다. 한참 있으니까 목월 선생을 보내드리고 돌아온 이근식 선생이 화가 끝까지 치밀어 올라 대뜸 하는 말이 "어느 놈은 술자리에서 술 마시는데 어느 놈은 가방 들고 가방모찌 하란 말인가?" 했다. 어느 누군가가 "그건 지부장님이니까 그렇지요.” 했다. 화가 끝까지 오른 지부장은 “뭐라꼬!” 하면서 술 주전자를 집어던지니 엉뚱한 사람인 구석본 회원이 맞아서 온몸에 막걸리를 뒤집어쓰게 되었다. 술자리는 난장판이 되고 모두 흩어져 나가고 일부는 앉아 있었다. 이근식 선생은 서영수에게 “니가 지부장 해라.” 하고는 휙 나가버렸다. 그때부터 서영수 선생에게 지부장님 지부장님하고 놀리다가 결국 서영수 선생이 경주문협 지부장이 되었다.

석식인石食人-소설 쓰는 임광석의 기억

1970년대 경주문협 회원으로 임광석이 있었다. 그는 일찍 청구대학 건축학과를 졸업하고 경주시청에 임시직으로 있었다. 경주문협에 들어와서는 수필과 소설을 쓴다고 했으며 그는 술을 잘 마시어 항상 '통술집'에서 술에 취해 있는 것이 보통이었다. 그는 술만 취하면 이를 갈며 '석식인' '석식인' '돌을 먹고 사는 사람들' 하고 외치곤 했다. 그는 '投石' 동인을 만들어 그 동인들과 음성을 높여가며 떠들면서 문학을 이야기했다. '石食人' 즉, '돌을 먹고 사는 사람들'이라고 스스로 자부하며 소설도 한 편 쓰기도 했다고 했다. 그의 소설 제목으로 「돌을 먹고 사는 사람들」이 있었다. 그는 『현대문학』에 추천을 받기 위하여 당시 추천위원인 소설가 박영준을 찾아가서 그집 대문 앞에서 그를 기다리고 있었다. 기다리다 지친 임광석은 박영준 작가에게 드릴 청주 한 병을 그 집 대문 앞에서 헐어 마시기 시작했다. 날은 저물고 박영준은 오지 않고 지루하고 술은 취하고 대문을 몇 번이나 두드리다가 대문 앞에서 깜박 잠이 들었다. 얼마나 잤는지는 알 수 없으나 이

슥하여 누가 깨우는 것이 아닌가? 박영준 소설가였다. 임광석은 술이 취해서 혀가 꼬부라져 말도 제대로 나오지 않았다. "저, 저, 선생님, 『현대문학』에 추천받으려고요." 했지만 박영준은 다음날 오라고 하면서 돌려보냈다. 임광석은 할 수 없이 발길을 돌려 돌아오면서 "씨발! 석식인, 씨발! 석식인" 하면서 돌아왔다고 했다.

한번은 그가 통술집에 앉아서 술을 마시다가 마침 우리를 만났다. 서영수, 이근식, 나 우리 셋은 목월 선생님이 경주 와서 구룡포식당에서 점심을 먹는다고 했다. 우리가 구룡포 식당으로 간다고 하니 그도 따라 나섰다. 우리는 목월 선생님 있는 방으로 들어가니 임광식은 바로 옆방에 들어가서는 "씨발, 목월이가 누구냐? 씨발 목월이가 누구냐?" 했다. 우리가 목월 선생과 같이 방에 있는데도 임광석의 목소리가 들려오고 있었다. 우리는 민망해서 어쩔 줄을 몰랐다.

목월 선생은 점심을 마치고 일어섰다. 우리도 함께 일어서서 밖으로 나오니 임광석은 방문을 열고 얼굴을 내밀었다. 목월이 나와서 신발을 신고 일어서면서 임광석이 있는 방으로 가서는 "내가 목월이다! 잘 봐라! 내가 목월이야!" 하니 임광석은 머리를 긁으면서 피식 웃었다. 겸연쩍고 멋쩍은 웃음을 웃고서는 방에서 나와 비실비실 달아나듯 사라져갔다. 목월도 피식 웃으며 저 사람도 경주문협 회원이냐고 다그쳐 물었다. 우리는 그렇다고 했다.

임광석은 한 편의 글도 쓰지 못하면서 말로만 소설을 쓰는 사람이었다. 그의 대표작은 '석식인'이라고 했다. 바로 '돌을 먹고 사는 사람들'이라고 했다. 그러나 한 번도 그의 소설이나 수필을 본적은 없었다. 그 사람은 술만 취하면 소설을 쓰고, 소설은 「석식인」으로 '돌을 먹고 사는 사람들'이었다.

그러나 그는 문협 모임에는 빠진 적이 없었다. 항상 시간 전에 와서 막걸리를 마시고 있다가 싱긋 웃으며 머리를 쓱쓱 긁는 것이 버릇이었다. 그리고는 피식피식 웃었다.

그러고는 그는 사라져갔다. 어디로 갔는지 알 수가 없다. 한 번 떠나고는 다시 돌아올 줄 모르는 石食人 임광석, 가끔 그가 생각나고 보고 싶어지기도 한다.

소설 쓰는 기관사 김정석

내가 경주문협에 들어가니 김정석이란 회원이 있었다. 그는 수필을 쓰고 때로는 소설을 쓰기도 하여 우리 경주문협에 나오면 으레 술을 퍼마셨다. 술이 취하면 자주 하는 입버릇으로 '쐬빠질'이란 말이 튀어나왔다. 이 말은 순수 토박이 말로 '혀 빠질 놈'이란 뜻이었다. 처음 들을 때는 이상하게 여겼으나 자주 들으니 이상한 매력까지 느끼게 되었다. '쐬빠질', 이 사람은 술만 취하면 서슴없이 하는 말이었다. 이 김정석 회원은 경주역 기관차 소속으로 기차를 몰고 다니는 기관사였다.

그때 경주문협은 한 달에 한 번씩을 모였다. 꼭 '통술집'이란 막걸릿집이었다. 전체 회원 20명도 안 되는 경주문협이지만 당시로 보아서는 경북에서 경북문협과 함께 유일한 문협이요 타지역에서는 감히 경주문협을 따라올 수가 없었다. 청마는 대구로 떠나고 소설가 성학원 선생이 지부장이었고 김녹촌, 김해석, 원형갑 이런 문인들과 경주문협이 이루어지고 있었다.

한번은 내가 홍영기, 전문수 등과 함께 사방약수터에 갔다 오다가 논둑길을 걸어오는데 지나가던 기차가 간이역도 아닌데 세우는 것이 아닌가? 기관실에서 손을 흔드는 사람이 김정석이었다. 기관차를 몰고 가다가 우리를 보고 기차를 세우는 일은 그가 아니고는 할 수 없는 일이었다. 그리고 '빨리 타라.'고 손짓을 했다. 우리는 세운 열차를 타고는 경주에 도착한 적이 있었다. 김정석은 이런 사람이었다. 달리는 열차도 중간에 세울 수 있는 사람, '쐬빠질' 이런 말로 통하는 사람이 김정석씨였다. 그의 작품으로서는 소설로 「우리의 꼰대 검은 갈매기」가 있다.

한번은 그가 술을 마시고 너무 취하여 자전거를 타고 가다가 다리 위에서 떨어져 모래바닥에 정신없이 누워 있었다. 한참 누워있으려니 발이 차가워서 정신을 차려보니 다리에서 떨어져서 마침 흰 모래 위에 누웠기 때문에 무사했다. 결국 그는 술에 만취되어 자전거를 타고 가다가 그 다리에서 떨어져 목숨을 잃고 우리 곁을 떠나고 말았다.

구두 벗고 택시 타는 서영수 시인

서영수는 아호를 동전東田이라 하여 일찍 김동리 선생이 지어준 아호雅號를 쓰고 있다. 그래서 동화작가 손춘익이 그의 호를 한 술 더 떠서 '동전 한 닢' 이라고 놀리기까지 하더니 손춘익은 벌써 고인이 되고 말았다. 동전은 경주 건천 신평 출신으로 일찍 중학교에 다닐 때 청마 유치환 시인을 만나 문학 수업을 받았고, 중학생으로 백일장에 나가「안압지에서」란 시를 써서 최고상을 받았다. 또「별」이란 제목의 시로 학원문학상을 받았는가 하면 고등학교 때는 청마의 서문을 받아 김원중과 2인 시집『별과 야학』을 내서 당시 문학하는 학생들의 우상이 되었다.

벼가 익어가는 가을 하룻날
너와 마주 섰다.

오늘은 몹시도
바람이 불어

너의 품에는 저렇게도
갈대가 우나 보다.

헤아릴 수 없는 해와 밤이
낙엽처럼 묻혀도
종내 말을 않는 네 언저리에서
가을은 가을대로 익고.

千年 아득한 옛날
찬란한 王宮을
한 번은 더 말할 것 같기에

나는 이렇게
어린 왕처럼 거닐어 보는 것이다.
어린 왕처럼 거닐어 보는 것이다.

이 작품은 서영수가 1954년 9월에 실시한 제1회 서라벌예술제 중고생 전국 한글백일장에 「안압지」란 제목으로 중3으로서 종합장원을 한 작품이다. 그는 1955년 제2회 학원문학상에서 「별」이란 작품이 당당하게 당선되어 '학생문단'을 주름잡기도 했다.

가을 밤하늘에
별들이 흩어져 앉았다.

넓은 하늘과 벌판
거기 함께 나도 앉았다.

한낮을 비추는 태양이 아니다.
한밤을 밝히는 커다란 달이 아니다.

우리는 외로운 빛끼리
고요한 밤에 흩어져 앉았다.

가을을 걷어버린 벌판은 텅 비었다.
나뭇잎엔 소리 없이 단풍이 들었다.
새카만 숲이 흔들렸다.

우리는 풀잎에 맺혀
돌아앉았다.

서영수는 그 후 『대구일보』, 『영남일보』, 『세계일보』의 신춘에 당선한 일이 있으나 그는 다시 목월 선생의 추천으로 1972년 『현대시학』에 「외박」이란 작품으로 추천을 받고 등단했다. 그래서 문인들 사이에는 서영수를 '외박의 시인' 으로 널리 알려져 있다. 서 시인은 술을 좋아할 뿐 아니라 술을 거나하게 마시면 꼭 하나씩의 기행奇行을 남겼다. 그의 술에 대한 일화가 많은 것도 이 때문이다.

한번은 문인 몇 사람과 자주 만나는 주당들과 낮부터 '봉황대집'에서 같이 술을 마셨다. 그날은 아침부터 마셨으니 시간이 어떻게 되었는지 알 수 없을 정도까지 되었다. 술이 취하면 뿔뿔이 흩어지게 마련. 거나하게 취한 서 시인은 비틀거리며 술집에서 도로변까지 나와 지나가는 빈 택시를 손을 흔들어 세웠다. 아마 술이 취하였으니 집까지 걸어가지는 못할 테고 차를 타고 갈 양으로 택시를 세운 것이리라. 그런데 그는 택시를 세우고는 문을 열고 신발을 얌전히 아스팔트 위에다 벗어놓고는 택시를 타고 자기 집으로 갔다. 아마 자기 집 현관 앞인 것으로 착각한 모양이었다. 집에 가서는 그냥 술에 곯아떨어져 방에 누워서 잠을 잤다고 했다. 문제는 그이튿날 아침이었다. 출근을 하려고 보니 어제 맞추어 신은 새 신발이 없어진 것이다. 어린아이들을 불러 내 신발 어디다 감추었느냐 하고 식구들을 다그치니 아무도 그 신발 본 사람이 없었다. 아무렇게나 헌 신발 하나를 신고 그날은 출근을 했다고 했다.

며칠이 지난 어느 날 그는 우연히 술집 '봉황대 집'이 있는 곳으로 걸어가고 있었다. 도로변 아스팔트가 있는 그 옆 구멍가게 주인이 서 시인을 보더니 반갑게 맞아 인사를 하는 것이 아닌가? 보아도 잘 모르는 사람인데 그 가게 주인은 아마 아는 모양이다 하고 가까이 가보니 자기 신발을 꺼내놓지 않는가? 서 시인은 기쁘고 신기하여 어떻게 된 것이냐고 물으니 선생님께서 그날 술이 취하여 택시를 타면서 아스팔트 위에다 신발을 나란히 벗어놓기에 주워다 놓았다가 지금 드리려고 가져왔노라는 하는 것이 아닌가? 기쁘고 고맙고 감사하여 "네, 네." 하면서 신발을 찾아 신고 왔다는 사실을 지금도 경주문인들끼리 배꼽을 잡는 일화로 남아 있다.

서영수 시인의 시 「경주 장날」을 보면 그가 '경주 사람'이란 것을 긍지로 삼고 살아가고 있음을 본다. 한번은 나와 함께 울주군 봉계에 살고 있는 이기원 시인의 집을 찾기로 했다.

이기원은 경남 울주군 출신으로 경주공고를 나와서 고려대학교를 졸업하고 1965년에 박두진에 하여『현대문학』에 추천을 받았다. 그가 병으로 방안에서 앉아 있을 때, 어느 가을 날 그를 찾아간 적이 있었다. 이기원 시인의 불행을 눈으로 보면서, 우리는 돌아오는 길에 용산 장터에서 막걸리를 마시며 우울한 하루를 보냈다. 우리는 그때 용산 장날 어느 포장집에서 술 잘 마시는 동네 아줌마들과 어울려서 거나하게 취하여 서시인의 즉흥시와 오랜만에 들어보는 그의 노래「삼천리 강산」으로 하루를 즐기며 돌아왔었다. 서 시인은 술만 취하면 잘 부르는 18번 노래가 있었다. 그것이 바로「삼천리 강산」이었다.

"삼천리 강산에 새봄이 왔구나,
농부는 밭을 갈고 씨를 뿌린다."

서 시인은 술만 취하면 이 노래를 연속적으로 반복해서 불렀는데 아무도 못 말리는 상태까지 이른 것이 라는 증거였다.

문패 수난사건과 문천蚊川의 가을 달빛

서영수 시인의 술에 대한 일화는 너무도 많다. 다른 주당 시인들의 추종을 불허한다. 신라문화제가 끝난 어느 가을 날 저녁, 문천蚊川으로 흐르는 냇물이 달빛에 비치는 아름다운 저녁이었다.

그날 밤에 경주 향교 뒤 나물왕릉에서 '셔벌 향연'이 있었다. 서영수는 우연히 그 자리에서 정재훈 씨와 최귀주(근화여고), 최영식(근화여중)을 만나 한잔씩을 거나하게 했다. 그리고는 2차로 간 것이 최영식 선생 사랑방이었다. 거기에 가서 숨겨둔 술을 마셨다고 했다. 정재훈 씨는 고향이 진주로서 개천예술제 백일장에서 고등학생 시절 서 시인을 만나 익히 잘 아는 사이였다. 이런 인연으로 경주에서 서영수를 만난 것이다. 그때 정재훈 씨는 경주 사적관리소 소장으로 있었다. 우연히 만난 이들은 최씨 댁 사랑舍廊에서 술을 마셨다. 막걸리로 시작해서 법주로 끝을 내리고 모였던 것이다. 쌀쌀하게 저물어 가는 가을밤, 귀뚜라미는 울고 가을 달은 밝아 술 마시기 안성맞춤이었다. 그러나 서영수 시인

행사를 주관하던 서영수 시인

은 그 날 컨디션이 좋지 않았다고 했다. 그래서 기회만 있으면 빠져 도망갈 준비를 하면서 때를 노리고 있었다. 이를 알아차린 정재훈 소장은 기회를 주지 않았다. 술이 어느 정도 취하여 몽롱한 상태가 되었을 때 서 시인은 화장실 간다는 핑계로 방문을 열고 밖으로 나왔다. 이것을 알아차린 정재훈 씨도 같이 따라 나섰다. 밖으로 나온 서 시인은 일단 화장실로 가서 볼일을 마치고 잠시 숨어서 동정을 살폈다. 마침 가을 추수를 끝낸 짚동이 변소 주위에 세워져 있어 숨기에 좋았다. 일단 짚동 뒤에 숨는다고 들어갔는데 한쪽 발이 시골 통 변소에 빠지고 말았다. 한 쪽 다리가 흠뻑 젖어버린 것이다. 오, 나의 실수-. 큰일이었다. 그길로 교촌 건너편 문천蚊川으로 나와 흘러가는 냇물에 열심히 빠진 다리를 씻어서는 젖은 상태로 택시를 잡아타고 집으로 도망 가는데, 택시기사가 냄새를 열심히 맡더니,

"이게 무슨 냄새요?" 했다.

"몰라요." 했다.

덜 씻긴 것이었다. 집에 돌아와서 수돗물을 틀어 놓고 다시 씻었다. 그렇게 씻어도 냄새는 속일 수가 없었다. 온 집 안, 온 방안이 고약한 냄새 때문에 밤에 잠을 잘 수가 없었다고 한다.

동해남부시 동인모임이나 경주문협 모임에는 항상 그가 빠지지 않았다. 1980년대쯤으로 기억된다. 통술집에서 모임을 갖고 늦게까지 술을 마시는데 그가 술을 마시다말고 사라진 것이다. 끝까지 남은 회원들이 술을 끝내고 그가 없어진 것을 그때서야 알게 되었다. 누군가가 서영수집으로 가자! 했다. 이구동성으로 가자! 가자! 하면서 찾은 것이 그가 살고 있는 국민주택 164호였다. 찾아가서 대문 밖에서 '서 선생–' 하고 불러도 대답이 없었다. 불은 있는데 사람은 나오지 않았다. 누군가가 대문을 발로 찼다. 또 '서 선생' 하고 불러도 깜깜 무소식. 그래서 누군가가,

"사람도 없는데 문패는 말라꼬 달아두노" 하면서 문패를 떼어 집 안을 향해 집어던지니 문패는 '팽–'하면서 소리 내어 날아가서는 그집 화단에 꽂혔다는 사실. 며칠 후 본인의 입을 통해서 듣고서야 알았다. 이것이 제1의 '문패수난사건'이었다.

언젠가 시인 서영수가 술좌석에서 술을 마시다가 도망간 일이 또 있었다. 같이 있던 문협 회원들이 서영수 선생이 사라진 것을 알고 또 그의 집으로 쳐들어갔다. 틀림없이 조금 전에 방에 있는 것을 전화로 확인까지 했는데, 밖에서 부르는 소리에도 깜깜 무소식이었다. 방에 있으면서 자는 체 불을 끄고 있었던 것이다. 술에 취한 술꾼들이 그냥 갈 리가 만무했다. 마침 대문 앞에 시멘트 일을 하다가 모아 둔 모래가 있었는데, 문패를 떼어다가 모래 위에 꽂아두고 오륙 명이 둘러서서 대성통곡을 하며 울었다. 아

무 이유 없이 둘러서서 통곡하여 우는 바람에 그 동네 아줌마들이 무슨 일이 일어난 줄 알고 우르르 몰려나와서 묻는 바람에 우리 모두는 도망쳐 돌아와서는 또 어느 대폿집에서 그날은 밤 새워 술을 마셨다. 이것이 서영수의 제2의 '문패수난사건'이었다.

술 마시다 말고 밤에 "화장터"에

– 권윤식, 서영수, 양덕모

경주에서 권윤식, 서영수, 양덕모는 술꾼 '삼총사'로 이름이 높았다. 서영수는 시인이요, 권윤식은 수필가이면서 고려대에서 철학을 전공한 철학자이기도 했다. 양덕모는 K고교 영어교사로 세 사람은 자주 같이 다니며 술을 마시는 술친구로 경주 쪽샘 거리를 누비고 다녔다. 그래서 이 사람들을 '술꾼 삼총사'라 부르고 있었다.

한번은 어느 쌀쌀한 가을날 밤, 경주 쪽샘에서 밤늦게 술을 마시다가 기발한 아이디어가 머리를 스치고 지나갔다. 어느 누가 '인생은 화장터에 가서야 배운다.' 라고 했다던가? 아마 철학을 전공한 권윤식 선생의 말일 것 같았다. 두 사람은 손뼉을 치면서 옳다고 호응했다. 그렇다면 오늘 밤, 1시가 넘었으니 당장 한번 가보는 게 어떠냐고 제안을 했다. 세 사람은 또 손뼉을 치면서 의기투합하여 당장 화장터로 가기로 합의했다.

세 사람은 술자리에서 일어나 거리로 나왔다. 거리에서 택시를 잡았다. 세 사람이 모두 택시에 동승을 하니 운전기사가 어디로 모실까요? 했다. 세 사람은 거의 동시에 "화장터" 했다. 운전기사는 섬뜩하여 "어디요?" 하고 되물었다. 또 세 사람은 이구동성으로 "화장터" 했다. 늦은 밤 화장터까지 가는 데는 애로가 많았다. 안 가려고 하는 기사를 꼬여 택시비를 따따불로 주고 화장터에 도착했다. 그들은 이 화장터 송장 굽는 '철 침대'에 누워 '인생을 묵상하는 시간'을 갖기로 했다. 화장터가 전근대적 시설로(1970년대 화장시설), 시신을 태우는 그 속에 들어가서 5분씩 묵상을 하고 나오기로 했다는 것이다. 시신을 눕혀 태우는 침대는 아직 덜 식어서 따뜻했다. 철제침대(?)에 차례대로 드러누워 5분씩 묵상하면서 참된 인생을 체험하고 있었다나.

갑자기 저쪽 수위실에서 고함이 들렸다. "누가 시체 훔치려 왔노!!" 하고 버럭 소리 지르며 어느 한 사람이 이쪽으로 뛰어나왔다. 냉정한 현실에서는 '화장터에 인생을 묵상하러 왔다.'는 말로는 이해시키기는 어려웠다. 현실은 냉혹했다. 또 '묵상하러 왔다.'는 것도 세속인들에게는 이해되지 않는 범법행위에 불과했던 것이었다. 웃지 못할 이 이야기가 그날 밤에 이 세 사람에 의하여 체험되었다는 사실을 아직도 이 지역 경주에 전설처럼 남아 있다.

청마가 이영도에게 보낸 러브레터를 중간에서 슬쩍했다?

서영수는 중고등학교 다닐 때 청마 유치환을 만나 그의 애제자愛弟子로 청마의 사랑을 받았다. 벌써 중학교 다닐 때부터 학생문단을 주름잡던 서영수이기 때문에 그의 시는 그때 이미 전국에 알려진 학생 시인이었다. 그는 전국 백일장에 「안압지에서」 이란 시를 써서 '어린 왕처럼 거닐고 싶다.'는 패기를 보이기도 했다.

서영수는 학교 다닐 때 청마의 문학수업을 받았다. 그래서 『별과 야학』 이란 학생시집까지 낸 일이 있었으니 전국에서도 모르는 사람이 없었다. 전국백일장에 나가기만 하면 장원 아니면 차상은 따놓은 당상이었다.

그래서 한번은 진주 개천예술제 전국 백일장에 출전을 했는데, 그 당시 진주지방에 있는 고등학교 문예반 학생들은 이번에 경주의 서영수가 오느냐? 마느냐? 하는 것이 중대 관심사였다. 백일장 당일 고등학생들이 몰려와서 경주 서영수가 누구냐? 하고 묻는 바람에 순순히 따라 나갔다가 봉변까지 당한 일이 있었다. 그가 누군가 하면 당시 진주고등학교 재학생으로 나중에 경주에 와서 사적관리소장을 하던 정재훈 씨였다. 그도 그때는 문학의 꿈을 가지고 백일장에 참석했다는 것이었다.

당시 조지훈, 박목월, 서정주 이런 유명 시인까지 백일장 심사를 맡았기 때문에 서영수를 잘 알고 있었다. 그래서 그가 대학으로 진학할 때 청마 선생이 써준 추천서 1장으로 서라벌예대 문예창작과에 지망하게 되었다. 그래서 그는 전면 장학생으로 졸업을 하기도 했다.

이영도 시조시인이 마산 부산이 생활 근거지였는데, 잠시 서울로 가서 우거하고 있었던 때가 있었다. 그때 서영수는 서울에서 대학에 다녔으니 청마 선생의 편지를 가지고 가서 이영도에게 배달부 역할을 단단히 했던 것이다. 청마는 거의 매일 편지를 쓴다고 했다. 그것도 이영도 여사에게 보내는 러브레터를 말이다. 그것을 열흘이나 스무 날을 써 모아 한꺼번에 보낸다는 것이다. 마침 서영수가 서울서 방학을 맞아 내려왔다가 올라갈 때, 청마에게 인사를 드리러 가니 모아두었던 편지를 한꺼번에 쥐어주며 배달을 부탁하는것이었다. 청마는 그만큼 서영수를 믿었기 때문이리라.

서영수 시인은 그것을 받아 서울로 올라가는 야간열차 안에서 거의 다 읽고 난 다음 그중에서 몇 편을 슬쩍해도 알지 못하리라는 것을 알고 있었다. 그래서 한 5일분 정도를 빼내고 갖다 주었다고 한다.

나중에 청마가 돌아가시고 이영도 시인은 청마에게 받은 편지를 모두 모아서 책으로 묶었으니 『사랑 하였으므로 행복하였네라』가 바로 그것이다. 이 책이 세상에 나왔을 때 청마 유족 측에서는 “본인이 죽고 무덤에 흙도 안 말랐는데 이게 무슨 짓이냐?” 하고 야단을 한 적이 있었다.

세월이 흘렀다. 지금은 서영수 시인도 일흔을 넘기고 그가 가지고 있는 청마의 러브레터도 세월 속에 묻히게 되었다. 서영수 시인은 가끔 청마의 편지를 가지고 있다고 자랑을 했는데 한 번도 다른 사람에게 보인 적이 없었다. 그리고 한 번도 그것을 본 사람은 없었다. 있어도 안 보여주는 것인지, 없어져서 못 보여주는 것인지는 아무도 모른다. 오직 그 자신만이 알고 있을 뿐이다.

지금 생각하면 모두 꿈같은 일이다.

재력財力, 체력體力이 모자라면

– 언제든지 가라! 수필가 권윤식

가을 햇살이 따가운 어느 토요일 오후였다.

나는 일과를 마치고 퇴근하여 자주 들르는 다방으로 갔다. 아는 사람도 없었고 약속한 사람이 없으니 친구를 만날 수도 없었다. 주말, 그것도 맑게 갠 가을날–. 무언가 좋은 일이 생길 것만 같은 날에 그냥 멍하니 앉아 있을 수도 없었다. 막걸리가 한 잔 생각나는 계절에 집으로 들어가서 낮잠을 자기도 그렇고 책 읽기도 따분했다. 나는 기발한 생각을 하나 해낸 것이다. '세 번째 사람' 우연히 이런 생각을 하게 되었다. 나는 그길로 다방에서 나와 어느 대폿집으로 들어가서 술과 안주를 시켜놓고 오후 3시가 땡 치게 되면 이 대폿집 앞으로 지나가는 세 번째 술꾼과 술을 마시기로 작정했다. 지금부터다. 창가에 앉아 길을 지나가는 "아는 사람" "세 번째 사람"을 기다리고 있었다. 아는 사람이 둘 지나가고 이제부터 남은 한 사람이 결정적으로 나와 술을 마실 사람이다. 조금 있으니 드디어 아는 술꾼 한 사람이 어슬렁거리며 지나가는 것이 아닌가. 벌떡 일어나 창문을 열고 소리쳐 불렀다. 바로 권윤식 선생이었다.

권윤식 선생이야말로 어쭙잖은 변명을 늘어놓으며 가버릴 사람이 아니라는 사실을 너무 잘 알았기 때문에 안심하고 불러들였다. 나는 그에게 그가 세 번째 사람이라는 것을 설명하고 오늘은 운명적으로 그와 술을 마셔야 한다는 이유를 또 설명하였다. 주선酒仙에 가까운 그가 술과 술친구를 두고 그냥 가버릴 사람이 아니다. 그러니 그날의 술은 물어보나 마나다.

권윤식 선생은 아호를 운원雲園, 또는 소정素丁이라 했다. 그는 철학을 전공하면서 수필을 쓰는 문인이다. 그가 「神의 原罪」라는 희곡을 쓰고 있을 때였다. 우리는 주로 술 이야기, 문학 이야기, KBS에서 방영되고 있었던 '이산가족 찾기(잃어버린 30년)' 등에 관해서 이야기한 것으로 기억된다. 나는 그때 『영남일보』에 「千字春秋」를 썼는데 거기에 찬주론을 쓰면서 술에는 장점도 많다는 것을 역설해서 주당들에게 희망과 용기를 준 사실을 아직 상기하고 있다. 문학과 술은 떨어질레야 떨어질 수 없는 함수관계가 작용한다고 우리는 느끼면서 술도 못 마시는 사람이 무슨 글을 쓰느냐는 우리대로의 술에 대한 철학을 역설하기도 했다. 운원 선생의 그때의 주론은 그와 함께 술을 마시다가 도망갈 수 있도록 그물을 뚫어 놓고 마신다고 했다. 술 상대가 가고 싶으면 언제든지 가도 좋다는 것이다.

> "體力이 부족하면 언제든지 가라."
> "財力이 부족하면 언제든지 가라."

다시 말하면 돈 없고 술을 못 이기면 언제든지 빠지라는 것이다. 이 두 가지가 모자라면 언제든지 가도 좋은데, 잡거나 붙잡는 일은 없다는 것이다. 이것이 운원 선생의 음주철학이다. 나는 이 말에 박수까지 치면서 호응했다. 처음 들으면 술꾼의 체면과 자존심을 건드리는 말임에 틀림없다. 그러나 자세히 생각하면 운원 선생의 지론에 일리가 있다는 생각마저 든다. 그는 그만큼 술을 아끼고 술을 사랑하고 술에 대해서 자신을 가지고 술을 마시는 '찬주론자'이기 때문이다.

운원 옵니버스 「신의 원죄」를 넘기면 「감나무」란 수필 작품이 있다. 그 속에 나오는 감나무가 이 글을 쓴 운원 본인과 똑같은 느낌을 받곤 한다. 그집에 있는 한 그루 감나무는 그야말로 자연 그대로다. 가지를 쳐준다거나 퇴비를 주는 일도 없을 뿐더러 열매 같은 것을 솎아주는 일조차 없이 그대로 잎이 피고 꽃이 피고 스스로 자라서 지붕을 덮는 한 그루의 감나무는 전연 주인으로부터 보호를 받지 못할 뿐더러 간섭까지도 받지 않는 우리 옛 할아버지들이 키우던 방식으로 키워서 자란 감나무다. 그집에 서 있는 한 그루 감나무를 나는 본 적은 없지만 이 글에 나타난 감나무는 자유분방한 글쓴이 그 자체인 것 같은 인상을 받았다. 일찍이 오류 선생五柳先生이 버드나무를 심었듯이.

권윤식 선생은 별다른 일이 없으면 거의 매일 맥줏집에서 맥주를 마신다. 몸이 불편하거나 특별한 경우만 집에 있는데 내가 집에 전화를 걸어서 그대로 받으면 이상할 정도로 그는 자기 집보다 술집에 있는 시간이 더 많았다. 경주에 있는 맥줏집 몇 군데만 연락을 취하면 당장 찾을 수가 있다. 술집에 없을 때는 기원에서 바둑을 두고 있을 때다. 그의 술은 애주가의 도를 넘어서 주선의 경지에 가깝다. 술을 한꺼번에 마셔 폭주를 하는 법은 없고 서서히 장시간을 두고 즐기는 편이다. 술이 거나하게 취하면 특유의 행동으로 손이 자주 안경을 올리게 된다. 눈꺼풀은 내려와도 그의 눈은 더욱 반짝거린다. 그의 노래 솜씨는 또한 수준급이다. 시시한 유행가를 버리고 품위 있는 클래식을 즐겨 부르는 편이다.

그는 철학을 전공했다. 그의 철학적 인생이 자주 술좌석에서도 나타나게 된다. 술을 마시면 술값을 묻지 않는다거나 외상 술값에 대해서 하나하나 따지지 않는다거나 술값이 싸든 비싸든 관계하지 않으며 또 남을 의심하지 않는다. 그것이 그의 대범한 스케일로 잘 나타나고 있다.

갑년을 넘긴 권 선생은 문학에 대한 집념도 대단했다. 그가 추천된 『문학세계』의 당선 소감을 보면,

"70에 능참봉…… 그러나 어쩌겠는가? 대낮에도 쓸데없이 어정거리다가 낮잠으로 소일했더라도 어차피 가야 할 길이라면 문단 등단이 늦은 것이 무슨 대수냐. 이왕에 갈 길이라면 늦거나 빠르거나 무슨 상관이랴."

그의 문학과 술에 두루 영광 있기를 빈다.

제4부

하얼빈 흑룡강신문사에서 목단강까지

1995년 여름, 나는 중국 동북지방을 순방하게 되었다. 우선 연길에 살면서 소설을 쓰고 있는 임원춘林元春 선생의 소개를 받아 하얼빈에 살고 있는 한춘 시인을 만나게 되었다. 나를 안내하는 임 선생의 따님 설해雪海와 함께 하얼빈을 찾은 것은 7월 하순 어느 날 오후였다. 찌는 듯한 열기를 식혀 주는 비가 오후의 거리를 스치고 지나갔다. 설해와 나는 하얼빈 문화회관 8층에 있는 흑룡강신문사를 찾았다. 우리가 들어가서 구내전화를 거니 한춘 시인이 곧 내려와서 우리를 맞았다. 흑룡강신문사에 근무하면서 시를 쓰는 한춘이라고 했다. 오후 3시쯤, 그는 벌써 약간 취해 있었다. 그는 반갑게 나를 맞으며 8층 신문사로 안내했다. 하얼빈에서는 유일한 한글판 신문이었다. 신문사 사무실로 들어가니 문예부 기자 한광천 경제부에 시인 이장수 그리고 한춘, 모두 다섯 명이 앉아 있었다. 그리고 흑룡강 조선족작가 창작위원회란 문학 단체가 있었는데, 이는 중국 흑룡강성에 사는 조선족으로 글을 쓰는 사람들의 모임이었다. 이 모임의 회장이 한춘 시인이

서울에 온 흑룡강신문사 직원들. (우)홍만호, 필자, 한춘 제씨

었다. 한춘 시인의 본명은 임국웅林國雄이다.

독한 고량주 한 병을 옆에 놓고
안주도 없이 시름시름 마시는,
그의 눈은 언제나 쓸쓸한 鄕愁病을 앓는다.
(중략)
앉기만 하면 줄담배를 빨아댄다.
담배가 떨어지면 주머니를 뒤지는
그의 쓸쓸한 두 어깨,
그 어깨 너머로 생활의 그림자가 젖는다.
松花江에 비 내리는 날 밤이면
강가를 거닐면서 긴 밤을 혼자 울고 있을 꺼다.

– 필자의 「시인 한춘」의 일부분

저녁이 되어 우리는 조선족이 경영하는 식당으로 갔다. 좁고 답답한 식당에 들어서니 벌써 비릿비릿한 냄새가 났다. 구역질이 날 것 같았다. 억지로 참으면서 의자에 앉으니 한춘 시인이 우선 술과 안주를 시켰다. 안주는 서너 가지 들어왔는데 주로 콩을 원료로 하는 요리였다. 중국에서는 술과 밥상이 따로 없고 우리가 말하는 안주가 바로 저녁상이었다. 술은 순도 65도의 고량주였다. 한춘 시인이 앉은 사람에게 술을 따랐다. 우리의 맥주 컵 같은 유리잔에다 8부 정도로 부었다. 나는 맥주를 달라고 했다. 한춘은 맥주는 술이 아니니 이 술을 받으라고 했다. 한춘이 건배사를 그럴듯하게 했다.

“오늘 한국서 오신 손님을 환영하는 뜻에서 이 술잔을 들고 마시되 잔이 비어서야 탁자 위에 놓도록” 했다. 입술에 가까이 대어도 독한 술 냄새가 코를 찔렀다. 그들은 그 잔을 그대로 마시면서 이야기를 주고받았다. 그러나 술이 든 잔은 못 놓도록 했다. 할 수 없이 나는 그들이 하는 대로 잔을 들고 술을 모두 마셨다. 오륙 명이 앉아 사 홉들이 고량주 4병이나 비우니 술자리가 흥겨워지기 시작했다. 나도 그 잔을 마시니 취하기 시작했다. 나는「이런 대화」라는 작품을 내어 낭독하기 시작했다. 모두 내가 읽은 시에 대해 박수를 치면서 칭찬해 주었다. 그날 저녁 마신 술값을 내가 계산하려고 하니 한춘 시인은 기어코 자기가 내겠다고 했다.

조선족 식당에서 술이 만취가 되어 나왔다. 한춘의 대접을 받고 그냥 있을 수가 없어 내가 한잔 사겠다고 하니 한춘은 한사코 말리면서 어느 노래방으로 데리고 갔다. 같이 마시던 사람들이 거기에 다 와 있었다. 흑룡강 신문사 사장 홍만호洪滿浩, 부사장 박손수朴遜守, 문예부장 한광천韓光天, 시인 이장수李長洙 모두 노래방으로 옮긴 셈이다. 거기도 술이 있고 노래가 있고 아가씨까지 있었다. 거기에 있는 노래방 기계가 모두 서울에서 온 것 같았다. 하나도 낯설지 않게 기계를 조작하여 서울 노래를 그대로 부르고 있었다. 현철의 노래, 주현미의 노래, 우리나라 1980년대의 노래를 주로 불렀다. 아가씨들도 술을 함께 마시며 목이 터져라 우리 노래를 부르며 이국의 향수를 달래고 있었다. 그들은 그만큼 순박하고 마음에 때가 묻지 않았다.

나는 그들의 안내를 받아 호텔로 돌아왔다. 깨끗하고 규모가 큰 호텔인데도 그렇게 비싸지는 않았다. 아침에 일어나 창문을 여니 하얼빈 시가지가 눈앞에 다가섰다. 흑룡강성 소재지의 면모를 갖춘 큰 도시였다. 갑자기 초인종 소리가 들렸다. 문을 열어보니 한춘 시인이 서 있었다. 일찍 나를 찾아온 것이다. 그의 손에는 담배가 끼어져 있었다. 그는 술과 담배가 없으면 못 산다고 했다. 아침 해장을 하러 가자는 것이다.

나는 그와 함께 호텔을 나왔다. 그가 안내하는 조선족 식당으로 갔다. 한춘 시인이 자주 이용하는 해장국 집인 것 같다. 해장국이라 쓰여 있는 안내판과는 달리 된장찌개를 시켰다. 식당 아줌마는 아침 손님을 위해 밥과 된장찌개를 열심히 만들고 남자 주인은 컵과 고량주를 날랐다. 한춘 시인이 시킨 술은 엊저녁과 같은 종류의 술이었다. 한춘은 맥주 컵에다 은백색의 고량주를 콸콸 소리를 내어 따랐다. 내가 술을 사양하니 그냥 잔에다 따르기만 하자고 했다. 그는 독한 고량주를 부어 입술을 적시며 해장을 하기 시작했다. 나는 보기만 해도 온몸이 흔들렸다. 엊저녁에 마신 술이 모두 깨끗하게 깨어서 머리가 개운했다. 한춘이 마시는 걸 보니 아침 술이 생각나서 나도 조금씩 술을 마시니 아침 식사가 나오기 전에 술기가 화끈 돌았다. 조금 있으니 된장찌개와

송화강에서 (좌)필자, 설해, 한춘

공깃밥이 나왔다. 우리는 아침 식사를 했다. 한춘은 밥보다 술을 더 좋아하는지 밥은 그냥 두고 술만 마셨다. 그가 서울 가서 마신 소주는 너무 순해서 술맛이 없었다고 했다. 술에 취하려고 소주만 마시다 보니 술은 안 취하고 머리만 아파서 혼이 났다고 그는 고량주를 마시며 은근히 중국 술이 좋다는 것을 농담 삼아 말하기도 했다.

우리는 식당에서 나와 송화강반松花江畔으로 나갔다. 송화강 가는 길에 하얼빈 시가지를 걸으며 특색 있는 거리를 구경했다. 한춘 시인은 열심히 하얼빈 시가지를 설명하면서 서양의 건축양식이 도입된 것을 보면 이 하얼빈에 서양의 문물이 먼저 들어왔을 거라고 했다. 한춘의 설명을 듣고 있는 동안 어느덧 송화강변에 다다랐다. 강가에는 아침부터 많은 사람들이 나와서 여름을 즐기고 있었다. 우리는 배 한 척을 흥정하여 뱃놀이를 하기로 했다. 옛 고구려의 땅, 발해 시대의 역사의 강, 송화강은 옛날 그대로의 긴 흐름이 끝없는 이야기를 들려주고 있었다. 멀리 다리 위에서는 철로가 지나가고 철로 위에서는 낮차가 길게 돌아서 강을 건너가고 있었다.

하얼빈 역에서 목단강으로 가는 열차를 탔다. 차표를 사지 못하여 걱정을 하니 흑룡강신문사에 있는 이장수 시인이 걱정을 말라고했다. 우리는 이 시인과 약속을 하고 12시에 하르빈 역으로 나갔다. 우리를 배웅하려 한춘 시인도 나왔다.

하얼빈 驛頭에서
나는 안중근 의사를 만난다.
그는 그의 애국을 위해 六穴砲를 들고
차에서 내리는 이토오를 저격한다.
(중략)
그때 그 지점을 지나가는 어느 나그네가
손가락으로 거기를 가리키며
그 자리에 서서 사진을 찍는다.
하얼빈 역두에서
나는 안중근 의사를 만난다
시인 李長洙와 함께.

– 필자의 시 「하얼빈 驛頭」의 일부

귀빈실에서 기차 시간을 기다리고 있다가 한꺼번에 플랫폼으로 나와서 대련大連에서 하얼빈哈爾浜, 목단강牧丹江을 거쳐 도문圖們까지 가는 침대차를 탔다. 우리는 차표도 사지 않고 무조건 침대차에 올랐다. 일행은 모두 다섯 명이었다. 이장수 시인과 그의 일행은 축구협회 이사회에 참석하러 간다고 했다. 기차에 올라 모두 침대차에 앉으니 열차 차장이 왔다. 이장수 시인은 신문사 기자인 동시에 축구협회 회장직에 있었다. 축구협회 이사회에 참석한다는 빌미로 우리 모두 무사히 차를 탈 수 있었다. 우리 일행은 이장수, 연용택, 이순태, 설해 그리고 나 모두 다섯 명이었다. 연용택은 친척이 경주 성건동에 살고 있다고 했으며, 이순태는 경주 안강이 고향이라고 했다. 모두 고향 친구를 만난 것이다. 연용택, 이순태, 이장수와 함께 술을 마시기 시작했다. 그들은 미리 준비한 돼지고기, 통닭, 달걀 등 안주에다 고량주를 마시기 시작했다. 목단강까지 네 시간 동안 온통 술을 마시며 즐기는 동안 어느덧 해가 지고 있었다. 해가 지는 만주 들판의 옥수수밭은 정말 장관이었다. 이장수 일행은 해림海林에서 내리고 나와 설해는 목단강역에서 내렸다. 목단강역에 내리니 황혼이 찾아왔다. 플랫폼을 빠져 밖으로 나오니 김창수金昌洙와 임영만林永万이 플래카드를 들고 마중을 나왔다. 처음 보는 사람들이었다. 나를 따뜻하게 환영해 주는 그들은 같은 민족이란 애정도 있었지만 다 같이 글을 쓰는 문우文友라는 점에서 더욱 그러했으리라 생각된다. 임영만은 병원에 입원해 있다가 우리가 온다고 임시 퇴원하여 내일 아침에 다시 입원해야 한다고 했다. 우선 식당에 가서 수인사를 하고 저녁 식사를 시켰다. 음식 접시가 나오고 술병이 나오고 우리는 술을 따르면서 이야기를 나누었다. 주로 중국에 있는 조선족 문인, 월북한 문인, 특히 이태준, 정지용 그리고 이기영, 백석 이런 시인들은 잘 알고 있었다. 우리가 북한의 문인을 잘 모르듯 그들은 한국의 현대 문인들에 대해서는 잘 모르고 있었다. 김창수, 김영만은 모두 소설을 쓰면서 출판사에 다니고 있었다. 김창수金昌洙는 '朝文出版社'에, 임영만林永万은 '朝鮮民族出版社'에 나가고 있었다. 그래서 어느 정도의 한국문인들을 잘 알고 있는 편이었다. 한국의 어느 작가의 작품을 중국어로 번역 출판한 일이 있었다고 했다. 김동리에 대해서는 잘 알고 있어도 시인 박목월은 잘 모른다고 했다.

우리가 저녁을 먹고 거리로 나오니 야시장이 서고 있었다. 야시장에 나온 사람들이 야전 테이블에 앉아 음식을 즐기고 있었다. 양고기 꿰, 닭고기, 돼지고기, 불고기, 심지어는 살아 있는 뱀장어를 그 자리에서 잡아 요리해 주고, 살아 있는 비둘기를 현장에서 잡아 불고기를 해서 먹기도 했다. 가끔 키가 큰 서양 사람들이 야시장을 두리번거리면서 구경하고 있는 광경도 보였다.

이튿날은 목단강으로 나갔다. 벌써 많은 사람들이 나와서 강가의 풍경을 즐기고 있었다. 산책을 하는 사람, 아침 운동을 하는 사람, 낚시를 즐기는 사람, 사진을 찍는 사람, 자전거를 타는 사람, 강가에는 온통 사람으로 들끓고 있었다. 강을 가로질러 가는 철교 위로 길게 열차가 지나가고 있었다. 이름만으로 듣던 목단강, 그 옛날 우리의 역사의 강은 소리 없이 흐르고 있었다.

장춘長春에서 심양沈陽까지

안화춘安花春과 함께 두만강 2호, 밤 열차를 타고 장춘長春을 향해 가고 있었다. 외국인에게는 차비를 따불로 받는 중국이기 때문에 개찰원에게 들키면 배상을 해야 했다. 그래서 2층 침대에 누워 덜커덩거리는 차바퀴 소리를 듣고 있어야 했다. 장춘에 있는 吉林大學의 최성덕崔成德 교수를 생각했다. 이번에 가면 그를 만나야 하기 때문이다. 최성덕 교수는 우병익 회장으로부터 간접적으로 소개를 받고 이번에 연락을 해 두었기에 나는 그와 만나게 될 것이다.

차창 밖은 어둠에 싸여 지나가고
희끄무레하게 비친 내 얼굴을 들여다보며
내일 아침 장춘을 향해 달려가고 있다.
차가 도착하면 나는 짐을 꾸려 메고
유유하게 플랫폼을 빠져나올 것이다.
밖에서 최성덕 교수가 성명 석 자를 써 들고

장춘 부의황궁 앞에서 남영전, 필자, 최성덕

나를 기다릴 것이다. 그리고 나는
밖에 나오면서 그와 인사를 나눌 것이다.
그래서 나는 오늘 저녁
그와 한잔 술을 나누며 고향 이야기를 해야지.

– 필자의 시 「두만강 2호를 타고」의 후반부

새벽 6시에 장춘역에 도착했다. 안화춘과 나는 짐을 꾸려 들고 출찰구를 통과하려니 머리가 희고 키가 나지막한 어떤 사람이 작은 플래카드에 '鄭旼浩'란 이름을 써 들고 기다리고 있었다. 역 광장에 나와서 반갑게 인사를 나누고 그가 준비해 온 트럭을 타고 길림대학 교수아파트로 갔다. 최 교수는 부부가 단출하게 그 아파트에서 살고 있었다. 서재에는 책들로 가득하고 컴퓨터로 모든 인적 사항을 입력해 두고 있었다. 그는 그의 아내에게 우리를 소개하고 곧 아침상이 들어왔다. 특별히 준비한 황화무침, 돼지고기 찜, 된장찌개 등 특별 메뉴를 준비했고, 특히 중국 술 '秦池' 2병을 내어놓았다. 최 교수가 권하는 바람에 독한 술 세 잔을 마시니 정신이 번쩍 들었다.

우리는 장춘역으로 다시 나와서 내일 심양으로 갈 기차표를 구입하고 홍기가紅旗街에 있는 '金剛山酒店'으로 갔다. 이 금강산 술집은 강계江界가 고향인 주인 마담이 북한에 있는 특산물을 직접 가져와서 음식을 만들어 식당 겸 술집을 경영하고 있었다. 강계 산골 바위틈에서 난다는 석이石耳를 직송 받아 만든 버섯무침과 인절미, 단술, 감자부침, 약밥, 술은 막걸리로 아주 독한 민속주였다. 최 교수가 전화를 걸어 남영전南永前 시인을 불렀다. 그날 점심은 남 시인이 샀다. 남 시인은 고향이 경북 선산善山으로 아버지께서 중국에 간 교포 2세 시인이다. 나는 남 시인의 시집을 한 권 기증받았다. 시가 대체로 깔끔하다는 인상을 받았다. 그는 대형문학잡지 『長白山』의 발행인이었다. 최성덕 교수가 금강산 술집 박명희朴明姬 마담을 불렀다. 박 마담은 나와서 인사를 했다. 그는 나에게 남조선에서 왔느냐고 물었다. 나는 '예'라는 대답 대신 '한국'에서 왔다고 했다. 술이 한 잔 되니 마담은 「통일무지개」라는 노래를 불렀다. 이 노래는 북한에서 인민 정신 교육용으로 부르는 노래로 우리 한국의 60년대의 국민가요 같은 것이라고 주위에 있는 사람들이 덧붙였다. 필자, 최성덕 교수, 남영전 시인, 안화춘 그리고 금강산 술집 박 마담, 다섯 명이 점심을 겸해 술을 취하도록 마시고 그 자리에서 일어섰다. 우리는 둥근 테이블에 즐비한 빈 그릇들만 남겨둔 채 떠나오고 말았다.

안화춘과 나는 심양으로 왔다. 장춘에서 기차를 타고 북심양北沈陽까지 5시간 걸렸다. 몇 군데 여관을 찾아간 끝에 천애天涯호텔에 숙소를 정했다. 이튿날 아침 심양의 고궁박물관으로 갔다. 박

심양 고궁박물관에서 조선족 시인 박화(朴樺)와 필자

물관 입구에서 안화춘이 전화를 해서 박화朴樺를 불러냈다. 박화는 심양에 있는 조선족 시인이었다. 그는 30분이 못 되어 이곳으로 와서 우리와 만났다.

우리 세 사람은 박물관 안으로 들어갔다. 청나라 시대의 고궁을 보면서 당시의 힘 있는 나라의 왕궁을 오늘 다시 보는 것 같았다. 우리는 고궁 뜰에 앉아 심양 맥주를 땄다. 박화 시인과의 처음 만남은 낯설지 않고 친근감이 갔다. 그는 우리의 동족이라는 인연 이외에 정신적인 바탕에서 같이 시를 쓴다는 동료의식 때문이라고 생각되었다. 나를 안내하는 사학도 안화춘은 청나라 왕궁의 구조와 거대한 왕조의 전성기를 설명하고 있었다. 박화는 심양에 있는 '요녕성민족출판사' 편집부에서 근무하고 있다고 했다. 그는 술을 잘 마셨다. 그는 맥주를 마시면서도 과묵한 표정을 지으며 중국에 찾아온 첫인상이 어떠냐고 묻기도 했다. 그는 검은 색깔의 안경을 쓰고 길게 내린 귀밑머리가 인상적이었다. 얼른 보아 그의 속마음을 알 수 없게 깊은 우물과도 같이 담담한 표정이면서 신비스런 인상을 지닌 시인이었다. 나는 그에게 중국에 있는 조선족 시인은 주로 어떤 계열의 시를 쓰느냐고 물으니 머뭇거리며 대답을 못하는 걸 보니 그의 시 세계가 독특한 흐름을 지닌 것이 아님을 알 것 같았다. 현대 세계 시인들에 대해서도 인식이 없는 것 같았다. 그러나 그가 나름대로 순수한 한민족 적인 정서를 표현할 수 있는 시인이 아닐까 하는 생각을 하기도 했다. 그는 그만큼 한국인다운 순수성을 가진, 중국에 사는 조선족 시인이라는 특징을 지니고 있는 사람일 것 같았다.

하늘에 뜨거운 햇볕이
기왓장 위에 쏟아지는 여름날 정오
우리는 심양의 고궁 뜨락에서
술을 마신다.
더운 바람 부는 붉은 담 밑에서
〈브라보〉 맥주 글라스가
가볍게 부딪치는 소리.

– 필자의 「박화 시인에게」의 일부

우리 세 사람은 술이 거나하게 되어 고궁 밖으로 나왔다. 어느 식당에 들어가서 점심 겸 또 술을 마셨다. 조선족이 경영하는 식당에 앉아 불고기를 시키고 밥을 시켰다. 중국 식당의 특유한 냄새 때문에 속이 매스꺼웠다. 독한 술 한 잔을 마시니 속이 시원하게 내려간다. 우리는 삐걱거리는 의자에 앉아 술을 마시고 점심을 먹고, 조선족 식당에서 틀어 놓은 테이프에서 서울의 노래들이 흘러나왔다. 우리 한국 노래를 그들은 그렇게 좋아했다. 우리는 다시 길거리로 나와서 골동품 파는 거리로 갔다. 거리를 점령

하고 팔고 있는 거리의 예술품, 고서화, 그릇, 고서, 부채, 먹, 벼루 등. 사는 사람보다 파는 사람이 더 많았다. 중국 고대의 골동이 다 나온 것 같았다. 우리는 거리에서 간단한 인사를 나누고 아쉬움을 남긴 채 서로 헤어졌다.

김창대 시인에게 전화를 걸었다. 심양 천애호텔 1707호실에서 출판사 부사장 격인 김 시인에게 연락을 하고 30분쯤 있으니 그가 찾아왔다. 호텔 초인종을 누르고 들어와서는 싱긋이 웃으며 손을 내밀었다. 우리는 악수를 나누고 명함을 주고받으며 같은 민족임을 확인했다. 김창대 시인. 그는 평안북도 삭주를 아버지의 고향으로 하고 그는 중국 하남성 노태 농장에서 출생, 심양에 있는 요녕성민족출판사에 근무하면서 시를 쓰고 있었다. 그는 북경 중앙민족대학을 나왔으며 중어중문학을 전공했다. 그는 성격이 호방하고 격이 없으며 특히 술을 좋아하여 술로 인한 일화가 많다고 했다.

저녁이 되어 우리는 서탑 거리로 나왔다. 서탑 거리는 조선족이 많이 사는 거리로 우리나라 1960년대의 남대문시장 뒷골목 어느 거리인 것 같았다. 우리는 고려호텔 커피숍에 가서 차 한 잔씩을 마시고 있었다. 서울 사람이 여기에 와서 호텔을 지었다고 한다. 다음에 찾아간 곳이 '신라원'식당이었다. 역시 서울 사람이 와서 식당을 경영하는데 술과 음료를 서울서 가져온다고 했다. 눈에 익은 음료, 눈에 익은 맥주가 냉장고마다 가득 차 있었다. 우선 맥주를 시키고 된장찌개에 저녁 식사를 시켰다. 저녁 식사 후 우리는 고량주를 한 잔씩 마셨다. 김창대 시인이 자주 간다는 서탑 거리 어느 술집으로 가자고 했다. 우리는 따라 나섰다. 조선족이 경영하는 술집으로 안내되었다. 좁고 지저분한 방안에 술

요녕성민족출판사 앞에서 조선족 시인 김창대와 함께

상이 차려지고 술상 위에는 독한 고량주와 돼지고기 안주가 나왔다. 술 따르는 아가씨 두 사람이 오롯이 나와서 인사를 하는데 모두 조선족 아가씨였다. 김창대 시인은 독한 술을 갖다 붓듯이 마셨다. 술이 한 순배 돌아가니 화기가 돌았다. 노래를 부르기 시작했다. 모두 서울 노래였다. 우리는 밤이 늦도록 노래를 부르며 술을 마시고 거나하게 취하여 그집에서 나왔다. 아가씨들에게 인민폐 백 원씩 팁으로 주니까 그들은 고액 팁을 받았다는 기쁨을 감추지 못하고 고맙다는 인사를 했다. 우리가 밖으로 나오니 길거리는 한산하고 하늘에는 밝은 달이 걸려 있었다. 김창대 시인은 "봉천의 밤거리" 하면서 무슨 노래인가 신나게 불러댔다.

네모꼴 칸마다 심혈을 몰붓고
울기도 웃기도 하는 이 마음,
제 피를 빨고
제 살을 씹으며

이 밤도 인생을 그려 간다네.

네모꼴 칸마다 정성을 담아가며
인생의 웃음과 눈물을 담노라
그래서 시인은 위대하다네
제 피와 제 살로
인생의 푸른 꿈 그리며 가기에.

– 김창대의 시 「詩人」의 전문

그는 시인으로서 자존심을 가지고 있는 사람이었다. 그는 비록 국적은 중국이지만 조선족 시인으로서 자존심과 긍지를 가지고 있는 듯했다.

이튿날 아침 일찍 김창대로부터 전화가 왔다. 그가 근무하는 민족출판사에 같이 놀러 가자는 것이었다. 나는 그렇게 하자고 했다. 나와 안화춘은 외출 준비를 마치고 있으니 김 시인이 왔다. 밖으로 나와서 택시를 잡아 '요녕성민족출판사'로 갔다. 상당히 큰 건물의 입구에는 안내원까지 기다리고 있다가 우리를 안내했다. 심양에 있는 민족출판사는 중국 내에 있는 각 소수민족들의 언어문자로 그에 해당하는 서적을 출판하는 국영 사업체였다. 중국어 출판부, 조선어 출판부, 만주어 출판부, 몽고어 출판부 등으로 나누어 각자가 출판 사업을 하고 있었다. 김창대는 부편심으로 우리나라 편제로 말하면 부사장 격이라고 했다. 그가 근무하는 사무실에 가니 서너 명의 사원들이 일하고 있다가 나를 맞이했다. 모두 조선족이었다. 편집 촬영기자 권춘철權春哲이 깍듯이 인사를 했다. 출판사 사장은 만주족이라고 했다. 나가는 길에 사장을 만나 나에게 인사를 시켰다. 첫인상이 퍽 부드러운 사람이라는 느낌을 받았다. 어느덧 점심시간이 되어 김 시인이 안내하는 서탑 거리로 갔다. 그가 자주 드나들던 보신탕집이었다. 주인은 역시 조선족으로 김 시인과 같은 출판사에 근무하고 있으며 그의 부인이 식당을 경영한다고 했다. 젊은 부부였다. 오늘 점심은 김창대 시인이 산다고 했다. 거기는 출판사 사원과 조선족들이 자주 드나드는 집이라고 했다. 고량주 한 병을 가져 왔는데 한 잔씩 따르니 술이 떨어졌다. 좌석에는 정철 시인을 비롯하여 오륙 명이 자리를 같이했다.

큰 접시에 수육을 가득 담아 왔다. 조금 있으니 개 갈비찜을 커다란 접시에 넘치도록 또 들고 들어왔다. 우선 먹음직스럽고 푸짐한 생각이 들었다. 우리는 술을 마시며 고기를 뜯었다. 김 시인은 나보다 한 살 아래였다. 나에게 형님이란 호칭을 썼다. 나는 미안스러워 무슨 "형님"이냐고 핀잔을 주니 한참 있다가 "오여름 하루 볕이 어딘데" 했다. 술이 몇 차례 돌아가니 우리는 이미 취해 있었다. 형님이란 호칭에 핀잔을 받은 김 시인은 다음부터는 "정 동무"란 호칭을 썼다. 나는 당황하여 그런 호칭은 한국에는 없으니 당장 그만두라고 했다. 그는 겸연쩍은 듯 머리만을 쓱쓱 긁고 있었다.

낮 12시부터 술을 시작하여 몇 시간을 마시니 모두 술에 취해 있었다. 나중에는 상을 두드리며 노래까지 하게 되었으니 웬만큼 술이 된 것 같았다. 다음에는 자리를 옮겨 소위 우리 식으로 2차 술을 마시게 되었다. 어느 허름한 술집으로 들어가니 주인이 나와서 싱냥스레 인사를 했다. 우리는 돼지고기 집으로 간 것이다. 고기를 푹 삶아서 큰 그릇에다 뼈다귀 살코기 할 것 없이 태산같이 담아 들고 맑은 술(고량주)을 한 병 얻어서 아가씨들이 와르

르 들어왔다. 술이 취해 있는데다가 다시 술을 마셨으니 그때의 상황을 대강 짐작할 것이다. 거기에다 노래방까지 시설되어 있어 손님이 원하는 노래를 틀어 주었다. 잠시 후에는 온 방안이 온통 유흥장이 되어버렸다. 이튿날 임원춘 선생이 연길에서 심양에 왔다고 김창대로부터 전화가 왔다. 『몽당치마』의 작가 임 선생이 이번 창작집을 내려고 요녕성민족출판사를 찾아온 것이다. 나는 이번에 임 선생을 만나지 못하고 그냥 떠날 줄 알았는데, 다행히 심양에 왔다고 하니 만나보고 떠날 수 있어 큰 다행이었다. 그리고 연길서 시를 쓰고, 중국작가협회 연변분회 부회장이면서 월간 『天池』를 편집하고 있는 이상각李相珏 시인도 왔다고 했다. 우리는 어제 갔던 삼성식당으로 다시 가서 모두 푸짐하게 한 잔씩 하고 만남의 정을 나누고 헤어졌다.

‘절대고독’을 노래한 설성희 시인

시인 설성희. 얼른 이름만 들어보면 예쁜 여자의 이름 같다. 그러나 알고 보면 훤칠한 키에 술 잘 마시는 남자이다. 내가 그를 처음 만난 자리가 술자리였던 것 같다. 월성중학교와 근화여중고가 같은 성동동에 있었기 때문에 직원끼리 소프트볼을 하고 끝나면 으레 술자리가 마련되었다. 그 자리에서 처음 만나 통성명을 하고 술잔이 오고 가다가 나중에는 자주 만나서 술집에 앉게되고 술집에 앉다 보니 자연 문학과 인생을 이야기하게 되었다. 그는 처음 만나서는 좀처럼 문학 이야기를 잘 하지 않으려고 하는 성미였다. 나중에 안 사실이지만 그는 대구의 권기호, 이한호, 도광의, 양치상 이런 문인들과 자주 어울렸으며 부산의 시인 박청륭과는 학창 시절에 같이 문학 공부를 하던 사이였다. 그러나 나와 자주 만나게 된 것은 1977년 그가 『시문학』에 추천을 받기 시작하던 그 무렵부터였다. 그가 살고 있는 주택이 나와 같은 마을에 있었기 때문에 동네에서도 자주 맥주를 사들고 오가곤 했다. 『시문학』에 추천작품이 발표되어 우리는 술을 마시며 그 추천 작

설성희 시인(우측)

품을 소리 높여 읽기도 했다.

징검다리를 건너는
바람의 희디흰 발목
반쯤 얼굴을 가리우고
먼저 와 기다리는 나의 가을
몇 마장 다가선 遠景이
손을 흔들며 일어서는
오늘은 寒露.

– 설성희의 「寒露」의 중반부

그의 시는 추천 당시부터 正統的인 순수성을 바탕으로 절제된 언어와 예리한 감성에 의해 간결성을 위주로 하는 시를 써서 시적 이미지의 단순화가 그의 시의 장점이었다. 여기 「寒露」에서 보여주는 시적 감각은 그의 시를 한꺼번에 말해주는 좋은 예가 된다.

설 시인은 술을 좋아했다. 그의 주종은 항상 맥주다. 맥주 이외에 다른 술은 아예 외면하고 한결같이 맥주만 마시는 맥주 애호가다. 술좌석에 앉으면 말이 적어서 남이 열 마디 할 때 겨우 한 마디로 끝낸다. 그래서 그의 말도 그의 시를 닮아 고도의 함축미와 간결미로 대신한다. 그가 한 말을 반복하여 말끝을 더듬거리는 듯하면 그가 술이 취한 것으로 간주한다. 그러나 수십 잔을 마셔도 그 자리에서 술주정을 하거나 욕설을 하는 것을 보지 못했다. 그는 그만큼 술을 마셔도 자세가 흩어지지 않고 자기의 포지션을 지키는 것으로 보아서도 그는 신사다운 시인이었다. 거기에다가 남의 흉허물이나 남의 잘잘못을 덮어주고 남의 장점을 찾아 말하는 그런 시인이다. 어떻게 보면 시인이기 보다 종교인에 가까우리만치 예의 바르고 단아한 교육자이기도 했다. 그러나 술좌석이나 분위기 있는 자리에 앉으면 노래 또한 분위기 있는 것으로 부른다. 한 잔 거나하게 취하면 잘 부르는 노래는 「서귀포 사랑」, 「충청도 아줌마」, 「불루 벳」 등으로 또한 술자리를 더욱 흥겹게 했다. "초록 바다 물결 위에 황혼이 오면……"아주 낮은 목소리로 시작하여 조용한 음성으로 옆 사람에게 속삭이듯 들려주는 노래를 들으면 "역시 시인답구나." 하는 느낌이 들게 했다. 다른 사람들은 술에 취하면 떠들고 시끄럽게 고함을 치고 지나친 기행으로 남의 주목을 끌게 하지만 설 시인의 경우는 그렇지가 않았다. 유심히 보지 않으면 그가 술에 취했는지 어떤지를 전혀 모를 정도였다.

어느 해 가을 추석 가까운 날의 오후, 설성희 시인이 나를 찾아왔다. 마침 집에 있는 나를 불러내어 성건동 제방 둑으로 함께 나갔다. 그의 손에는 비닐봉지가 들려져 있고 그 속에는 캔 맥주가 가득 들어 있었다. 그는 기분이 매우 좋아 보였다. 서천 둑에 도계장屠鷄場이 있을 무렵이니까 1978년 어느 가을인 것 같다. 그의 시가 『시문학』에 추천 완료되던 그해 가을날 오후였다. 추천된 작품은 「도계장 부근」이었다. 우리는 서천 둑에 앉아 맥주를 마시면서 끝없는 이야기를 나누며 시간을 보냈다. 나는 아마 그의 시 추천을 축하했고 어두워질 때까지 마셨을 것이다.

> 닭털 구름이
> 맨드라미 꽃빛으로 타고
> 들새 몇 마리
> 홀수로 날고 있다.
> 길이 끝난 곳에
> 여윈 나무 몇 그루,
> 은전 한 닢 소리 날 듯
> 맑고 찬 공간을
> 어디선가 길게 목을 뽑는
> 닭울음이
> 미루나무 이마에서 붉게 흔들린다.
>
> – 설성희의 「도계장 부근」 전문

그의 시는 서정으로 일관해 있었다. 그를 추천한 문덕수는 "시의 정통성을 이어받았을 뿐 아니라 시의 정공법正攻法으로 쓴 가작" "정결한 이미지와 예리한 시력은 이 시인의 역량을 정확하게 보여주고 있다." 하고 평했다. 우리는 술에 취해 막 넘어가는 저녁해를 바라보면서 몇 번이고 소리내어 낭독했다. 평소에 침착하고 겸손한 그도 그의 시를 읽을 때, 특히 추천 완료된 그의 시를 읽을 때는 떨리는 음성이었다. 해가 지고 날이 어두워져 그 자리에 더 못 있을 정도가 되어 우리는 일어섰다. 서천에 흐르는 물속에 달이 비치고 있었다. 그날 시내로 들어와서 어느 주점에 들러 밤늦도록 마시며 모처럼 만취가 되어 집으로 돌아왔다.

어느 토요일 오후 나는 설 시인에게 전화를 걸었다. 오늘 마치고 한잔하는 게 어떠냐고 물으니 쾌히 승낙을 하고 자전거를 타고 나왔다. 그는 자전거를 즐겨 탔다. 키에 어울리지 않게 자전거에 앉으면 양어깨가 유난히 높아 보이고 목도 별스럽게 길어 보인다. 그는 언제나 가벼운 경기용 자전거 같은 것을 즐겨 탔다. 그의 장신을 실은 작은 자전거는 불안스럽게 아스팔트 위를 구르고 있었다. 그날은 토요일, 일찌감치 5609식당 안방에서 마시기 시작했다. 몇 차례 자리를 옮겨가면서 마시고 나니 우리는 술에 흠뻑 취하여 택시를 잡아타고 집으로 돌아왔다. 우리는 돌아오다가 날씨가 추워서 어느 술집 안방에 가서 또 술을 마신 기억이 난다. 그때 나는 「어둠考」라는 연작시를 쓰고 있을 무렵이었다. 나는 「어둠考」를 몇 번이나 읽고 또 읽었다.

하루는 설성희 시인과 대구에 간 일이 있었다. 대구에 가면 꼭 들리는 곳이 중앙통에 자리 잡고 있는 양치상 양복점이다. 양복점 주인 양치상 시인은 일찍이 기능올림픽 금메달리스트로 대구에서 최고의 양복 기술인이며 『현대시학』에 추천받은 시인이다. 양 시인과 설 시인은 아주 친하게 지나는 사이이다. 그날도 대구에 별 볼일 없이 갔다가 양치상 양복점에 들른 것이다. 양 시인은 제단 가위를 날렵하게 놀리다가 우리를 맞이했다. 그는 우선 눈으로 인사를 하고는 안쪽으로 고개를 돌리며 가서 앉으라는 신호를 보냈다. 우리는 벌써 양 시인의 눈짓을 알아듣고 안쪽 작은 문을 통하여 향촌동 골목집으로 빠져나온다. 나와 설 시인이 거기

앉아서 술을 시켜 먹고 있으면 양 시인은 나중에 와서 안주를 시켰다. 그집에는 주로 소고기 안주였다. 소간과 양, 양지머리, 목살, 돔배기, 쇠골 등, 귀한 안주만 시켰다. 양 시인은 다시 전화를 걸어 대구에 있는 시인을 불렀다. 권기호, 도광의를 합치면 술자리는 길어지기 마련이다. 그날 우리는 이차 삼차 다니면서 밤늦도록 술을 마시다가 차를 놓치고 대구서 택시를 타고 경주로 돌아왔다.

고지새 울 무렵
피었다 진 시클라맨의
빈자리
꽃말이 피어
이맘때면 말이 없던
뉘 속울음같이
꽃철을 울던 새가
소리죽여 가는 것을
또 보겠네.

– 설성희의 「小曲」 전문

그는 술을 마셔도 외롭고, 술에 취하면 더욱 외롭게 보인다. 우선 그의 긴 목이 그렇고 굳게 다문 입술이 또한 그렇다. 취하여 아스팔트 위를 걸을 때, 휘청거리는 두 다리가 그렇고 푹 꺼진 그의 어깨와 굽어 뵈는 등허리가 한없이 고독해 보인다. 그와 마찬가지로 그의 「소곡」에서 보이는 고독한 이미지는 바로 그 자신을 노래하고 있는지도 모른다. 죽은 새의 시체 위에 저녁 햇살이 비칠 때, 시인의 감정은 항상 그렇게 고독했다. 모든 사물이 사라져가버린 빈자리는 우리를 항상 쓸쓸하게 하듯이 설 시인의 시 속에는 항상 외로운 소재들이 가버리는 아픔을 노래하고 있었다. 이 「소곡」에 나타난 시어를 보면, 운다, 피었다 진, 빈자리, 속울음, 울던 새 등 이렇게 몇 안 되는 시행 속에 깡그리 남은 소재가 모두 비애와 고독뿐인 것이다. 그의 시를 한 마디로 "절대 고독을 노래한 정갈한 이미지"라고 말하고 싶다.

설 시인은 대구의 모든 시인의 대부 격인 신동집 선생과는 매우 가까운 사이였다. 설 시인이 대구에 가면 꼭 신동집 선생을 찾아보고, 신동집 선생이 경주에 오면 꼭 설 시인을 찾았다. 설 시인을 찾은 신동집 선생은 으레 술집으로 가서 그날은 한잔 억세게 하는 날이었다. 1981년 필자가 경북문화상을 수상할 때, 신동집 선생이 심사를 맡았는데, 그 당선 소식도 본인에게보다 설 시인에게 먼저 알릴 정도로 밀착된 사이였다. 신동집 선생이 경주 사람을 만나면 이근식, 설성희, 정민호 이렇게 꼭 안부를 물었다. 1980년대는 민중문학이 대거 봉기하던 시기로 온통 노동문학, 민중문학 등, 참여문학이 기를 펴고 떠들던 시기에 설 시인은 추천 작품부터가 순수 서정을 바탕으로 한 정갈한 전통시를 지켜 온 시인으로 알려지기 시작하고 있었다.

설성희 시인은 목련이 피고 지는 이른 봄날 세상을 떠났다.

그는 한국문협 경주지부장, 한국예총 경북지부 부지부장, 현대시인협회 중앙위원을 지냈다. 한 지역의 문학단체의 대표를 벗어나 등단한 지 10년도 안 되어 현대시협 중앙위원을 지냈다. 그는 평소에 경주문협에 나오라는 나의 권유에 문단에 등단하기 전에는 문협에 안 나오겠다고 했다. 그는 그 말대로 1978년 『시문학』으로 등단하고 경주문협에 입회하여 지부장을 지내게 되었다. 그는 경주문협 지부장이 되어 먼저 한 일이, 모든 사무 서류부터 정비해서 그전까지 미비했던 경주문협 장부 일체를 새로 마련하여 문인협회의 행정을 쇄신한 지부장으로 명망이 높았다. 그의 시를 보면 그의 죽음을 예견한 것이 아닐까 생각되기도 했다.

주소록 한 칸을
두 줄로 지운다.

내리던 눈이 멎어도
장지 밖
사락 사락
싸락눈 소리

겨울에 간 사람의
지울 수 없는
겨울 이야기를
두 줄로 지운다.

– 설성희의 「歲暮日記」의 전문

불과 10행밖에 안 되는 짧은 시가 많은 사연을 내포하고 있다. 그리고 그의 죽음까지 예고하고 있는 것 같았다. 나는 이 시의 첫 연을 읽을 때 온몸에 소름이 끼칠 정도로 전율을 느꼈다. 마치 염라대왕이 살생부生殺簿를 들고 주토朱土 묻은 붓으로 이름 석 자를 두 줄로 지우는 것 같은 생각이 들어 몸서리치도록 두려웠다. 시인 자신도 이 연을 쓸 때, 아마 오싹할 정도로 무서움을 느꼈을 것이다. 그리고 끝 행 "겨울 이야기를/ 두 줄로 지운다"에서 이 세상 모든 인생의 고락을 끝내 버린다는 그의 무의식 속의 예감이 작용했을지도 모른다. 그래서 설 시인은 1990년 3월 21일 57세를 일기로 세상을 떠났다. 나는 지금도 그의 그「歲暮日記」를 읽으면 죽음에 대한 '예감'이라는 것을 생각하게 된다. 그날 그의 장례식은 월성중학교에서 있었는데 애절한 조사는 손경호 선생이 쓰고 읽었다. 평소 그와 가까운 대구 친구들의 얼굴도 보였다. 이한호, 양치상, 도광의 등 그를 마지막 보내는 우리 동해남부시 동인회에서는 그해 여름 동해남부시 제5집을 냈다. 설성희의 작품이 빠져 있었고 그를 추모하는 시 몇 편이 실려 있었다. 그리고 그를 추모하는 '설성희 추모특집'을 꾸몄다. 석병호 시인의「목소리」와 이희목 시인의「저 하늘 아래」는 다 같이 고 설성희 시인을 노래하고 있었다. 그리고 나는 그를 위해 한 편의 시를 써서 그를 보냈다.

이날 아침 목련이 지고 있었다
한 시인의 영혼이 구름으로 걸린다.

아직 시린 손끝에 번져 오는
먼 물빛같이 젖은 봄날의 訃音,

五線紙 위에 날아 앉은 그의 일생의
작은 한 소절이 조용히 머문다.

– 필자의「목련의 아침나절」전반부

나는 이 시를 써놓고 온종일 일이 손에 잡히지 않았다. 무슨 말인가 더 해야 할 것 같았지만 이 이상 나의 시는 쓰여지지 않았다. 이 세상에서 시우詩友 한 사람, 술친구 한 사람을 잃어버린 허전하고 쓸쓸한 대낮을 종일 우울하게 보냈다. 그리고 나는 내가 쓴 시 한 구절을 자꾸자꾸 되뇌고 있었다.

"어중이떠중이"란 말에 발칵하여 맥주병 들다…… 권윤식

석병호 시인은 1980년『시문학』에「새」,「아내」가 추천되면서 문단에 나왔다. 그는 시를 통하여 형이상학적 진실과 감성을 바탕으로 서정성에 기반을 두고 시의 본질을 모색한 시인이었다. 그는 경주문협에서 작품 활동을 하였으며 제36회 경상북도 문화상(문학 부문)을 받았다. 그의 시집『절망의 늪』에서 추구하고 있는 인간의 허무를 절실하게 노래하고 있었다. 그의 말년의 시「癌 밀어내기」란 작품에는 인간의 나약한 힘을 모아서 운명과 결전을 내리는 비장한 각오가 잘 나타나 있는 동시에 그는 한결같이 허무와 운명에 대결하는 일관된 작품이 그의 시세계를 말해주고 있다. 동해남부시 회원으로 활동하면서 술과 인생과 우정으로 얼룩진 일생의 삶을 살아왔다.

낙엽이 떨어지고
한 뼘 햇살이 졸고 있다.
다시 돌아올 수 없는 먼 길을

걸어온 까마득한 날들이
야윈 체 말라가는
세월만 쌓아두고
떨어지는 낙엽을 본다.

– 석병호의 「떨어지는 낙엽을 보며」 의 전반부

석병호 시인은 시를 통하여 자기의 인생을 노래했고, 그의 인생을 시로 표출한 시인이었다. 그는 허무와 진실을 말했으며, 그는 허무 속에서 술을 마시며 노래를 즐겨 불렀다.

그의 노래는 많은 레퍼토리를 가지고 있다. 한번 노래를 시작하면 시작도 끝도 없었다. 동인 모임에 앉으면 설성희, 석병호, 이희목 이 세 사람의 노래는 해도 해도 끝없이, 끊임없이 이어졌다. 특히 이희목의 「산유화」는 그 가락이 한과 인생의 애달픈 영혼 속에 숨어 있는 듯했다.

석병호 시인의 「암 밀어내기」란 시 한 편을 소개하면,

대수술을 했는데도
암은 아직도 붙어 있다.
밀어내기 힘을 모으는
한 발씩 옮기는
걸음마 연습을 해야 한다.

– 석병호의 「암 밀어내기」의 전반부

언젠가 경주문협 월례회가 있었다. 월례회를 마치고 둘러앉아 술을 마시다가 무슨 말 끝에 석 시인이 '어중이떠중이 모인 가운데……'란 말을 했다. 이 말에 발끈한 사람이 권윤식 선생이었다.

“니는 얼마나 잘났는데 ‘어중이떠중이’ 라고 하는가?" 하고는 권윤식 선생이 맥주병을 들고 설치는 바람에 자리가 갑자기 수라장이 되었다. 던지려는 찰나에 회원들이 말리는 통에 겨우 자리가 진정되었다. 곧 자리가 화해의 분위기가 되어 술잔이 오가며 노래까지 함께 불렀다. 권윤식 선생의 가곡은 한 차원을 넘었다. 석병호, 권윤식이 가곡과 가요를 섞어가며 부르는 바람에 모두들 즐거운 한때를 보내기도 했다.

대구의 이재행과 이상실, 경주의 석병호, 설성희 시인

이재행은 대구의 시인이었다. 그는 대건고등학교를 졸업하고 1968년 『매일신문』 신춘에 「아침 원경」이 당선되었으며, 나중에 『현대시학』에 「만남」이 추천되어 등단한 시인이다. 그는 고교 학생 시절부터 문학 활동을 시작하여 대구에서는 모르는 사람이 없을 만큼 자유분방한 시인으로 알려져 있었다.

그의 시는 엷은 서정을 바탕에 깔고 있었다. 「만남」, 「몸살」, 「형용사의 가을」, 「허공의 손장난」 등의 작품들이 남아 있다. 고교 시절 문학동인을 만들고 시화전 시낭송회 등을 하다가 장소대여비, 마신 술값을 못 주어서 그냥 작품을 들고 도망다니기가 일쑤였다. 이렇게 전전긍긍하면서 직업 없이 평생 바람처럼 문학을 했고, 나중에 경북도청 총무과에 근무하다가 세상을 떠났다.

이재행의 가장 든든한 후견인은 이상실이었다. 이상실은 청구대학(나중에 영남대학이 됨) 국문과를 졸업하고 시를 쓰면서 일구월심 이재행의 생활까지 도와주었던 사람이다. 항상 쌀자루를 준비해 두었다가 재행이 오면 들려 보내고 때때로 그의 생활비까지 대어주었는데, 이상실은 군용트럭을 빌려 모래를 실어 날라서 누나가 경영하던 고아원 원사건축의 일을 돕다가 경산 건널목에서 열차에 부딪혀 죽고 말았다. 이상실의 장례식 날에는 김원일, 이재행 등 대구의 친구들이 눈물을 흘리며 상여를 매었다.

이재행은 경주의 설성희와 석병호와 친하게 지냈다. 이재행이 경주에 오면 꼭 혼자는 오지 않았다. 어떤 여자와 같이 와서는 설성희를 불러내어 술과 밥 대접을 받고 저녁에는 여관비까지 대어주어야 했다. 그는 먼저 건천에 와서 무산중학교에 교감으로 근무하는 석병호를 불러내어 건천에 있는 요정에서 자리를 풀고, 한잔 거나하게 되면 석병호, 이재행이 경주에 있는 설성희와 합석하여 밤새도록 술을 퍼마셨다. 그러다가 어느 여관에 들어가서 자고는 아침에 서영수, 정민호 등에 전화하여 여관비 가져오라고 전갈을 넣는 일이 한두 번이 아니었다.

양털구름을 몰고 仙女가 가고 있다

키 작은 仙女는 눈이 부시어

세상의 슬픔을 함께 앓는다.

슬픔의 한쪽은 그러나 仙女에게 있다.

– 이재행의 「한낮」의 전문

그들은 자주 만나 슬픔과 기쁨을 함께 나누었다. 그러던 이재행은 그때, 대낮에 선녀의 부름을 받고 먼 나라로 떠나고 말았다.

설성희와 석병호도 남다른 사이였다. 경주 시내의 학교에서 같은 교감이란 것도 있었지만 술 마시는 가락이나 술 마시고 노는 가락이 비슷했다. 술이 취하면 부르는 노래, 설성희는 「블루벳(푸른 침대)」. 석병호는 「충청도 아줌마」였으니 그들은 너무도 잘 어울리는 친구요 술꾼들이었다. 설성희는 60도 안 되어 세상을 떠났고, 석병호는 당뇨를 앓다가 그도 세상을 떠났다. 설성희는 「낮달」, 「가을날」 등의 시작품을 남기었고, 석병호는 「깨어 있는 잠」, 「낮잠 속 얼굴」 등의 작품이 있다. 이 둘은 저세상에 가서도 서로 만나 술잔을 기울이며 그때처럼 놀고 있을 것이다.

나의 친구 서벌徐伐시인

내가 徐伐과 만난 지는 벌써 40년이 넘었다. 1960년대 초에 서울 명동의 '돌채'나 '디쐐네' 음악감상실에서 문학의 밤을 열 때, 서벌은 그때마다 나타나서 시를 낭독하기 위해 연단에 섰던 기억이 난다. 비록 같은 학교의 학생은 아니지만 그때는 문학을 한다면 다른 학교 행사에 찬조로 초대되고 혹은 자발적으로 나타나기도 했다. 그때 서벌 역시 문학청년이라 문학 행사에 종종 나타났던 것 같다. 그리고 우리는 헤어졌고 까맣게 잊고 있었다. 그러다가 1990년대 『문학세계』 신인상 심사관계로 누구의 작품을 함께 심사하면서 다시 만났고 그 후 술자리에서 만나 그 옛날을 다시 확인하고 옛날의 기억을 되살리게 된 것이다.

서벌徐伐은 경남 고성 출신으로 본명은 서봉섭徐鳳燮이였다. 그는 1964년 『시조문학』에 「연가」 등을 추천받았고 1965년 공보부 신인 예술상에 「낚시心書」로 수석 당선하여 시조시단에 등단했다. 그는 본명인 서봉섭으로 각 곳에 문예작품을 응모했지만 자주 낙선하기에 필명인 '서벌' 로 응모했더니 바로 바로 당선이 되어 지금까지 아름다운 이름 '서벌' 을 쓰고 있으며, 그래서 이름 덕을 톡톡히 본다고 한다. 우선 그의 대표작 『서울』을 보자.

> 내 오늘 서울에 와 萬石 寂寞을 산다
> 안개처럼 가랑비처럼 흩고 막 뿌릴까 보다
> 바닥난 호주머니엔 주고 간 벗의 명함.
>
> – 서벌의 시조 『서울』 전문

1971년 『월간문학』에 발표된 작품이다. 우리가 일반적으로 시조라고 하면 흔히들 자연에 의탁하여 소극적 표현을 일삼는 데 비해 서벌은 서울이라는 현실의 삶의 터전에서 그 현실과 대결하는 현대인의 비애가 잘 나타나 있다.

종로 파고다공원 맞은편 골목길에 '은행나무집'에서 서벌과 나는 세월을 뛰어넘어 다시 만나게 되었다. 그날은 많은 사람들이 함께 앉은 것으로 생각된다. 『문학세계』 발행인과 그 외 직원들, 경주서 올라간 노종내 시인도 있었던 것으로 기억된다. 우리는 술로 하여 자세가 흩어질 정도로 마셨다. 서벌은 본래 성격은 깐깐하지만 친구와의 술자리에는 지극히 화해로운 사람으로 변한다. 그와 내가 술병을 놓고 마주 앉으면 그는 인정 많고 화술이 넉넉한 시인으로 변한다. 서벌과 나는 어느 사이에 가까운 시우가 되었다. 언젠가 내가 친구에게 전화를 걸어 놓고 신라토기 한 점을 가지고 서울에 간 일이 있었다. 그는 매우 만족한 표정을 지으며 그 날 저녁 생맥주를 몇 차례 옮겨 다니면서 취하도록 마셨고 나중에는 청진동 '시인통신'까지 가서 2층 방에서 정신을 잃을 직전까지 이르게 될 때, 흩어져 여관으로 와서 취해 떨어졌다.

서벌은 경주에 몇 번 온 일이 있었다. 박목월 추모의 밤에 문학

강연 연사로 초대되어 그의 강연을 들은 적이 있다. 그러나 경주 문협의 준비 부족으로 그에 대한 무관심에 서운함을 갖고 있었는지도 모른다.

1999년 경주세계문화엑스포 때에 나는 그를 불렀다. 가을, 낙엽 지는 경주에 한번 다녀갔으면 해서 연락을 했더니 그는 겸사겸사로 경주에 온 것이다. 낙엽이 지고 바람이 부는 고도 서라벌에, 스잔한 바람 속으로 祝祭날의 燈火처럼 찾아온 서벌은 경주에서 혹은 울산에서 2박 3일을 보내고 이튿날 서울로 갔었다. 그가 서울로 가고 곧 신문에 「가을 行間」이란 시조 작품 하나가 발표되었다.

물 잘 든 산 숲 아래 강물도 단풍들어
열차에 실린 맘은 설레이는 홍시 된다.
친구여, 보고 싶어 가는 길 하늘도 놀 널었다.

산 숲은 모롱이마다 제자리 지켜 섰고
강은 神筆이 쭉 그은 한 획 行草.
그 위에 유난히 환한 주말 한껏 흐른다.

이거 얼마 만인가 경주행 칠백 리 길
그윽한 날 저물녘 때맞춰 닿는 열차
친구여, 미리 와 있었구나 지훈 맞던 목월처럼.

– 서벌의『가을 行間』전문

[시작노트];나이테 감길수록 단순한 사람이 되어 정이 왜 소중한가를 뿌듯이 느끼게 된다. 경주에 사는 오랜 친구, 시인 정민

호. 그가 오라 하여 가는 도중과 만나는 순간까지를 정리한 것이 이 시조 3수. 이틀 밤 사흘 낮을 그와 나의 경주세계문화엑스포의 행사 현장과 빛나는 그곳의 산천을 두루 돌면서 쌓인 회포를 그냥 풀고 또 풀었다.

서벌은 참으로 인정 있는 시인이다. 3수 종장에 '친구여, 미리와 있었구나 지훈과 목월처럼'에서 그의 인간과 우정과 문학이 숨김없이 다 나타나 있었다. 나는 곧 '서벌 시인에게'란 부제가 붙은 시 「答信」이란 작품 한 편을 얻어 발표했다.

노오란 은행잎이 내리는
鋪道를 걸으면
문득 떠오르는 추억 하나,
나는 무척 가을을 타는 남잔가 보다.
노을,
낙엽,
가을비,
서글픔으로 자꾸 가슴이 서늘해 온다.
어느덧 30년
그대 등너머 먼 세월 따라 우리의
문학과 인생이 가을 꽃으로 피지만
아직은 뜨거운 욕망으로
긴 겨울의 門을 들어서고 있구나.
(후략)

이 시가 서벌 친구의 우정 시에 대한 나의 '답신'이다. 우리는 서울과 경주 7백 리를 사이에 두고 작품으로써 위로하고 젊은 시절을 상기하기도 한다. 해가 지는 창가에 앉아 나는 오늘도 서벌 시인을 생각한다.

그러던 어느 날 서벌이 세상을 떠났다는 비보를 들었다. 가슴이 서늘한 느낌을 받았다. 12월의 한 해가 가는 어느 날 그는 떠나고 말았다. 젊은 날에는 문학 때문에 모든 것을 버리고 난 지금, 우리는 무엇을 후회하랴. 하나를 잃으면 다른 하나를 찾는 법, 우리는 잃어버린 것 대신에 문학을 찾았으니 후회할 것이 무엇 있겠는가. 훗날 이 세상에 다시 온다고 해도 우리는 시를 쓰고 영원한 우정을 다독거리고 있을 거다. 나는 서벌의 전화번호를 지우며 이 작품 하나를 썼다.

한 해도 지나가는 12월 어느 날
나는 죽은 친구의 전화번호를 지운다.

눈물이 핑 도는 아쉬운 인생길에
그대는 잘 살다 갔는가?
나는 그대의 이름을 지우면서
먼 하늘 뜬구름 아득한 그곳을 바라본다.

친구여,
이 세상 함께하던 많은 날을
기억 속에 묻어두고 먼 길을 떠났구나!
그대도 내 이름 석 자를 지우고 갔으리라.

내 그대의 이름을 지우면서

12월의 마지막 그 언덕을
낙엽을 밟듯 이렇게 나도 건너가고 있단다.

– 졸작 「전화번호를 지우며」

피마골 '소문난 집'에서의 정공채 시인

서울 종로 피마골 작은 골목으로 들어서면 '소문난 집'이란 작은 대폿집이 있다. 여기에 가면 서울의 시인들을 비롯해서 그럴듯한 사람들이 어울리지 않게 이마를 맞대고 술을 마신다. 옛날 종로 큰길로는 양반들이 말을 타고 지나다녔기 때문에 서민들은 양반이 타고 다니는 말을 피하여 골목으로 다녔다고 해서 '피마골'이라 불렀다고 한다. 21세기 현대에 와서도 종로 큰길을 피하여 뒷골목 작은 대폿집에서 문인들을 비롯해서 문화예술인들이 모여 술을 마신다. 한국음악저작권협회 평의원이요 대금연주자 최복규, 시인 정문수, 미술가 심명보, 소설가 김병총, 오인문도 이곳 대폿집의 단골손님이다. 이 '소문난 집'에서 만난 사람 중에 손님 1호가 정공채 시인, 종로구 청진동 3백번지 이집 주인 서영순 여사 역시 정공채 시인을 손님 1호로 모신다.

정공채 시인은 1934년 경남 하동군 고전면 출생으로 연세대학교 정치외교과를 졸업하고 1957년 『현대문학』에 「종이 운다」가 발표되면서 「女眞」이 추천되어 등단했다. 그 후 「石炭」, 「埠頭」 등의 시를 계속 발표하면서 문단의 주목을 받게 되었다. 나는 대학 1학년 때 『思想界』에 발표한 그의 시 「雨中의 다리 위를 거닐며」를 읽고 심취한 적이 있었다. 그의 장시 「미 8군의 차」가 『현대문학』에 발표되면서 문제 작품, 문제 시인으로 주목을 받고 문단에 부상하게 되었다.

(전략)
어젯밤 수면 위로 대부분 꽃잎 지고
혹은 남은 여자는 외인과 손을 잡았다.
戰車의 무지한 바퀴가 뒹굴고 간 자리
한 번 죽은 입술은 다시 피어 안 오른다.
결국은, 검어도 靈歌를 부르는
낡은 마차 버려진 창고 모퉁이에 기댄
靈歌를 노래하는 입술 무딘 검둥이같이
이제 雨中의 다리 위를 나는 거닐며
戰後의 목쉰 노래로 안타깝게 목쉰다.
비 오는 우산 뒤로 하늘을 들었던
雨傘을 던져라! 雨傘을 던져라!
(후략)

– 정공채의 「雨中의 다리 위를 거닐며」에서

그는 1960년대 초, 젊은 문학도들의 우상이 되었다. 시 잘 쓰는 멋진 젊은 시인 정공채는 명동의 빨간 넥타이로 다방, 음악감상실, 당구장에 그가 나타날 때마다 박수 소리가 요란했다고 한다. 특히 블루스를 잘 추는 빨간 넥타이의 젊은 시인. 그는 연세대를 졸업하고 『부산일보』, 『민족일보』 기자, MBC프로듀서, 조선맥주 노조부지부장 등을 역임했으며 현대시인협회 부회장을 거쳐 회장에 역임, 지금은 현대시인협회 명예회장으로 있다. 그는 제5회 현대문학상(1959), 제4회 시문학상(1979), 제1회 한국문학협회상(1981) 등을 수상했으며 그의 대표 시는 「美 8군의 車」, 「오전의 당구」, 「바람」 과 시집으로 『정공채 시집』(유림사, 1979)등이 있다.

내가 바람을 잡아 바람을 피웠을 때
주위의 사람들은 나를 불쌍하게 생각하였지.
나의 아버님은
안경을 쓰시고 말았지.

내가 캬바레에서 검은 구둣발로 놀아난 날.
내가 살롱에서 빨간 술에 담배만 피운 날.
숨 가쁘게 청춘의 빨간 차표를 손에 들고 있었던 날.
나를 위한 기도를 해 주시던 당신,
당신이 없어서 그럴까.
그래서 전원으로 돌아갈 푸른 차표 대신
아직도 나의 손에 빨간 차표를 들고 있는 것은……

– 정공채의 「바람1」(이하 2~5는 생략)

그는 1950년대 전후문학의 특성을 앞세우고 그가 펼쳐 나갔던 전후의 힘찬 시적인 가락은 폐허가 된 국토와 폐허가 된 사상과 한국 땅에 가득했던 미군이 주는 한국적 미국문화, 흔들리는 한국의 시대적 도덕성 등이 그의 시속에 나타나면서 많은 시민들

우연히 청학동에 갔다가 만난 3정 시인(정공채, 정민호, 정순영)

의 긍정적 환영을 받았다. 이러한 내용들이 그 시대적 상황으로 표현되었으니 그의 시 「바람」에 잘 나타나 있다. 특히 그의 장시 「美 8軍의 車」가 1967년 일본에서 번역되어 발표되는 바람에 일본에 있는 조총련들의 반미주의를 선전하는 계기가 되기도 했다.

1980년대 한국현대시협 부산세미나 때 나는 그를 만났다. 세미나를 끝낸 날 밤의 저녁은 온통 술로 얼룩지곤 했다. 그날도 늦게 그가 있는 숙소로 들어가서 술을 마시면서 많은 이야기를 나누었다. 주로 현재의 문단과 문학에 관한 이야기였다. 그는 나를 부를 때 꼭 "민호 형"으로 호칭했다. 그렇게 부르니 한층 친근감이 갔고 부드럽다는 느낌을 받았다.

1990년대에 와서 정공채 시인은 한국현대시인협회 회장을 맡았다. 그가 회장으로 있을 때, 경주에 와서 현대시협 세미나를 열었다. 그때에도 정 회장은 어떤 격식이나 예절 같은 것을 배제하면서 형식보다 실질을 더 중요시했다. 그는 1박 2일 세미나를 마치고 서울로 가면서 우리 경주에서 받은 모든 은혜에 대해 고맙다고 인사를 하기도 했다. 그 후 문협 행사 때마다 종종 정공채 시인을 만나곤 했다. 서울서 주로 만났는데, 만나는 곳은 청진동 '소문난 집'에서였다. 그는 하루 건너 한 번씩은 꼭 여기에 들른다고 했다. 내가 서울에 가면 이곳 '소문난 집'에 꼭 들르는데 혹 정 시인을 못 만나면 내가 왔다가 갔다는 표시로 주모에게 술값을 미리 줘 놓고 그가 오면 내가 이 술을 사 놓고 갔다는 말을 꼭 드리라고 하기도 했다.

정공채 시인. 그는 술을 좋아한다. 꼭 막걸리만을 마신다고 '소문난 집' 서 여사는 말한다. 그는 친구 혹은 동료 시인, 후배 제자들과 같이 술을 마신다. 그러고는 그의 집이 있는 인천으로 전철을 타고 떠난다고 했다. 그는 서울에서 문학을 지망하는 청소년, 주부, 소년 소녀들에게 문학 강연과 문예지도를 하기에 여념이 없다고 한다. 1950년대 학생문단에 기라성같이 나타나 문학을 빛내더니 전후 1960년대에는 전후 문학과 전후 모럴을 작품으로 표현하면서 문단에 기린아처럼 활동하다가 지금은 문학을 지망하는 후배들을 양성하고 있다. 그가 건강하게 술을 마시면서 좋은 글을 쓰고, 전국의 문인들에게 건재하다는 것을 보여주도록 나는 기원하고 싶다.

청진동 일박一泊

『시문학』 30주년 기념식을 끝내고 일어서려는데, 장윤익 교수가 "오늘 한잔합시다" 했다.

모처럼 서울 와서 맥주 한잔하고 싶어서 "그렇게 합시다."하고 세종문화회관 회랑을 이희목 선생과 같이 돌아나오니 장 교수가 뒤따라 나오고 평론가 이명재 교수가 함께 나오고 있었다. 세종로 지하 통로를 지나 이희목 선생이 전화를 걸고 있는 동안 정민호, 장윤익, 이명재는 교보문고를 지나 청진동 골목으로 접어들고 있었다. 바로 피마골 골목으로 한참 걷다가 '詩人通信'에 들어갔다. 우리는 먼저 시인통신에서 맥주 몇 병을 놓고 마시기 시작했다. 이럭저럭 아는 사람이 모여서 같은 테이블에 앉게 되었다. 정민호, 장윤익, 이희목, 이명재, 김순복(시인. 『좋은 사람』 편집인), 김운향(시인) 등, 모두 6명이 맥주를 마시고 마른안주를 씹고 있었다. 우리는 술잔을 놓고 포즈를 취했다. 표정들이 모두 각각, 사진은 시인통신 한 여사가 카메라 셔터를 눌렀다. 제법 많은 술병이 날라져 오고 취하기 시작했다. 나는 그때 나의 시선

어느 날 피마골 '시인통신'에서(좌)필자, 장윤익, 김복순, 김운향, 이명재, 이희목

집과 무크지 『詩와 隨筆』 4호를 가방에서 꺼내어 기증본으로 증정했다. 그 자리에서 술은 평론가 이명재 교수가 샀다. 이명재 교수는 중앙대학교에 있었다. 그는 현재 한국문협 평론분과 회장이다.

한 잔씩 어느 정도 술이 되니 장윤익 교수가 다른 곳으로 이끌었다. 장윤익 교수는 일찍 『중앙일보』 신춘문예에 「자의식과 난해의 한계성」이 당선되어 문단에 등단했다. 그는 인천대학교 교수 및 부총장을 역임했고 경주대학교 총장으로 부임해서 지금은 교수로 있다. 우리 여섯 명이 한 잔씩의 술이 돌고 나니 장 교수가 청진동 생맥줏집으로 안내했다. 한꺼번에 6천cc의 생맥주를 갖다 놓고 여섯 명이 붙어서 마시기 시작했다. 나중에 술이 취하여 서로가 술을 사겠다고 하는 바람에 누가 얼마의 술을 샀는지 기억이 없을 정도로 마시다가 우리는 모두 노래방으로 갔다. 목이 터져라 고함을 지르고 나니 이제 술이 좀 깨는 것 같았다. 여류시인이요 『좋은 사람』을 만들고 있는 김순복 시인은 첫인상이 부드

러웠고, 또 여류시인 김운향은 나중에 현대시협 속리산 세미나에서도 만났으니 이제는 구면이 되었다. 그는 그 후 중국여행을 마치고 예쁜 시집 한 권을 보내왔다. 『구름의 라노비아』라는 시집 제목부터가 퍽 사연이 있는 것만 같았다.

겨울엔
잠시
이별을 약속한다.

이별은
우리를 영원히 만나게 한다.

봄이 오면 안다.

– 김운향의 「파종」의 전문

김운향 시인의 이별은 영원한 이별도 아니요 만남 역시 영원한 만남은 아니다. 그의 시집 『구름의 라노비아』에는 사연이 있는 시들로 꽉 차 있었다. 이 「파종」이란 시처럼 이별도 아니요 만남도 아닌 오늘은 술을 마시고 밤의 어둠 속으로 흩어져 사라져가고 또 오고 있었다.

詩才 넘치던 이경록 시인

내가 경주 근화여고로 나온 것은 1969년 3월이었다. 이에 앞서 내가 기계초등학교에 있을 때인 1966년에 『사상계』 신인문학상 당선 통지를 받고 찾아간 것이 달성 단구였다. 거기에는 이채형이 살고 있었기 때문이었다. 나의 당선통지서를 들고 이채형의 집 과수원으로 찾아가니 거기에 이재행, 이채형, 이경록이 있었다. 그때 처음으로 그들을 만나게 되었다. 이채형과 이경록은 나 때문에 서라벌예대에 입학하게 되었다. 그것은 내가 그 대학을 나왔기 때문이었다.

나는 곧 경주로 학교를 옮겼고 채형이는 서울에 진학을 했다. 경록은 경주로 나와서 시작 공부를 한다고 했다. 그것은 그의 외가가 경주에 있었기 때문이었다. 경록이는 당시 김기문과 김봉환을 만나 같이 어울려 다니면서 문학활동을 했다. 경록은 충효실업학교에 교사로 임시 취직을 했고 시간을 마치면 바로 시내에 나와서 술을 마셨다. 그들은 주로 통술집에서 외상술을 마시면서 인생과 문학을 이야기했다. 나는 경주에 나와서 형편상 하숙을 하고 있었는데 저녁이면 으레 내 하숙집에 와서 밥을 먹었다. 주인의 눈치를 보면서 내 자는 방에서 자기도 했다.

한번은 김기문과 경록이 통술집에 가서 내 이름을 달아놓고 막걸리를 마셨다. 정민호 선생과는 그럴 수 없는 사이니 내가 술을 마셔도 정민호선생이 해결한다고 하면서 때때로 술을 마셨다. 그러다가 이경록은 서울 서라벌예술대학에 진학을 했다. 그러니 나와는 뜸해지게 되었다. 그의 시 한 편을 소개하면,

사랑가

1

그대 나를 위해서 마침표라도 되어 다오, 아니, 쉼표가 되어 다오. 쉼표가 되어 내가 긋는 사랑의 궤적, 그 위에 印으로 찍어다오. 아침에도 찍고, 저녁에도 찍어 다오. 내가 돌아와 뜯어보는 阿火, 팔백 리 밖 사람아. 찍어 다오. 숨쉴 때마다, 그대 내 육신의 구석구석까지 찍어 다오.

내 생의 작문, 도막도막 구절, 그대 찍는 쉼표 앞에 놓이게 되리라. 여기서도 쉼표, 저기 가도 쉼표, 이 세상은 쉼표, 시각마다 쉼표,

2

나는 마침내 한 개의 마침표가 되겠다. 그대여. 모든 그대의 쉼표가 쉼표로써 끝나고, 어미 〈……겠다〉와 함께 종결로 올 때 나는 그 끝에 쓰러져 마침표가 되겠다. 끝없는 죽음, 그 白面을 나 혼자 만나겠다. 그대여.

이경록은 대학을 졸업하고 『월간문학』에 시로 등단하고 서울에서 문인들과 만나서 문학 활동을 했다. 문협행사 때 그는 앞에 나와서 문협 일을 돕고 열심히 시를 썼다. 그는 대학을 졸업하고 고향으로 돌아가고 싶어했다. 그래서 나와 의논하여 포항 어느 고등학교 교사로 말하고 있을 때 그는 백혈병으로 병원에 입원했다는 소문을 들었다. 안타까운 일이었다. 그는 고향 강동으로 돌아와서 29세로 조용히 운명하고 말았다.

그의 친구들이 의논하여 그의 시비를 세우기로 했다. 불국사로 가는 길 진현동 우정의 동산에 그의 시비를 세웠다. 너무나 일찍 세상을 떠난 시인을 위해 고등학교 동기들이 이경록 시비를 세운 것이다. 이 시비는 나중에 경주 황성공원으로 옮겨 지금까지 거기에 세워져 있다.

구림丘林 이근식 시인

구림 이근식 시인을 처음 만난 것이 1967년 내가 경주문협에 나가던 그때였다. 기계에서 경주에 나와 문협 월례회에 참석했는데, 깡마른 얼굴에 안경을 쓴 40대의 키가 훤칠한 시인 한 사람. 알고 보니 이근식 시인이었다. 그해 가을에 신라문화제가 있었고 문협 시화전이 있었다. 행사에 참여하기 위해 울산에서 경주에 왔다고 했다. 그는 그때 울산고등학교에 재직하고 있었다. 행사를 마치고 우리는 술이 너무 취해 어느 여관에서 함께 자면서 그와 밤새도록 문학 이야기를 한 기억이 난다. 구림 선생은 나보다 열한 살 위였으니 나는 그때 30대 초반, 그는 40대 초반이었다. 그때 구림 선생은 문학에 대한 열의와 창작에 대한 높은 식견을 가지고 있었으며, 그가 문학을 시작한 동기 등을 들려주었다. 대구에서 신동집 교수와 인연이 되어 문학을 시작했으며 노산 이은상 선생께 배우고 구상 선생과 교분이 있다고 했다. 그날 우리는 문학에 대한 서로의 깊은 이해를 느꼈으며 시인으로서 한국 시단에 기여해야 할 여러 가지 할 일에 대해서도 밤늦게까지 이야기했었던 같다. 아침에 일어나서 해장국 한 그릇씩을 먹고 그는 蔚山으로 나는 杞溪로 각각 헤어졌다.

1969년 내가 경주로 전근되고 비로소 경주문협에 자주 나가게 되었으며 경주의 문인들을 접하게 되었다. 1970년에는 이근식 시인도 경주로 전입와서 나와 같은 직장, 나와 같은 문협 회원, 같은 문단의 길을 걷기 시작했다. 서영수 시인과 함께 세 사람이 그때부터 자주 만나게 되었고 세칭 경주의 삼총사(대구에서 그렇게 불렀다.)로 불리게 되었으며 주로 고궁다방과 통술집에서 만나게 되었다. 그 당시 고궁다방은 문인들의 다방이요, 통술집은 문인들의 술집이었다.(우리는 경주문단을 고궁다방 시대로 회상하고 있다.) 1970년 초에 3인 시화전으로 우리 세 사람은 시우詩友로서 우정이 더욱 굳어지게 되었다. 그래서 1972년 이근식, 서영수 두 사람이 목월 선생에 의해 『現代詩學』에 나란히 추천되었는데, 그때 이근식 선생의 추천 작품인 「모량부의 여울」은 다분히 역사의식과 신라 정신을 담은 작품으로 향토적 서정성을 밑바닥에 깔고 있는 작품이었다.

아직 이른 봄인데
디딤돌 두서너 개쯤
건너다가
문득 발이 붙어버렸다.

비취 구슬이여
신라의 얼을 담은
돌돌돌 움켜잡고 싶은
물밑 자갈돌.

– 이근식의 「모량부 여울1」 후반부

이근식 시인의 초기작품은 신라라는 정신적 바탕 위에 향토 서정을 노래한 작품으로 출발했다. 신라의 행정구역인 모량부를 중심으로 사계절에 대할 수 있는 뚜렷한 시적 정서가 작품을 통해 표현되고 있었다. 2월 초순의 돌 개울 물소리, 푸른 언덕, 단석산 골짜기, 징검다리, 청잣빛 하늘, 갈밭을 적시는 산그늘 등이 그의 초기 시의 한 장면으로 등장했으며, 향토정서를 바탕으로 「엽전」, 「토함산에서」, 「성묘」, 「구천동 시초」 등을 통해 그의 시적 정서를 지키고 있다. 구림의 시는 1970년대의 신라 정신에서 출발하여 1980년대에 역사성의 재조명을 통해 현실 비판의 작품들을 써 왔으며 1990년대에는 자신의 존재를 확인할 수 있는 생활시와 고통받던 젊은 날의 회고를 통해 시를 형상화하고 있다. 특히 식민지 시대의 고난을 민족적 입장에서 규명하여 작품으로 남기고 있다.

이근식 선생. 그의 아호는 丘林이다. 그 아호를 풀어보면 "언덕 위에 서 있는 나무들" 이란 뜻이 된다. 보통 나무들 같으면 영양이 풍부한 기름진 땅 위에 뿌리를 내려 쑥쑥 뻗어서 그늘을 내려 부유롭게 살아가지만 돌 언덕에 뿌리를 내린 나무는 그렇지 못하여 비바람을 맞으며 모든 고통을 인내하면서 현실을 살아가는 지조 높은 선비의 상징이다. 그래서 구림 선생은 선비 시인이다. 조선 시대 선비의 조건을 들어보아도 구림 선생이 선비적인 조건에 걸맞다는 것을 누구나 인정하게 될 것이다. 이렇게 지조 높은 선비야말로 그에 알맞은 시를 빚게 한다는 생각이 든다. 그의 시 역시 군더더기 없이 정갈한 시를 써서 그의 품위를 보여주고 있다.

일본 기행을 하면서-도광의, 필자, 이근식

가을을 흔들고 있다.
뿌연 달무리가 인다.
방울소리가 둥글게 퍼져 나가고
숲들이 바람소리에 젖어 흐른다.
달빛 속에 메아리지는 그분의 음성
숨어 있는 것들이
온몸을 일으키는 소리다.
8월에서 9월로 넘어가는
징검다리를 건너면
누군가 부르는 노랫가락 한 곡조
차분히 들벌을 적신다.
오솔길이 전신으로 절규하며
나에게 칼을 던지는 소리
바람은 흐르고 구름처럼
여울물 소리는 흐르고

내 가슴에 비수가 꽂히는 소리.

– 구림 시인의 「벌레 소리」

이 「벌레 소리」란 작품이 구림 선생다운 작품이라고 생각한다. 그래서 이 시가 지조 높은 선비의 시답다. 서늘한 기운과 산들바람이 그렇다. 이런 시적 여유가 있는 시인이 바로 이근식 선생이다. 또 풀벌레가 들판을 적시고 있는 깨끗한 가을 이미지를 보아도 이 시인의 품격을 짐작할 수 있다. 그리고 풀벌레 소리로 인해 전신에 느끼는 감각, "오솔길을 절규하며 나에게 칼을 던지는 소리" 까지 비약할 수 있는 것은 놀라운 일이다. 벌레 소리가 여울물 소리로 표현되다가 내 가슴에 꽂히는 비수로 표현되기도 한다. 이 시인의 시는 한마디로 "현대적 선비의 시"라는 느낌이 든다. 그가 『현대시학』에 추천 당시 목월 선생의 추천사에 "이근식의 시는 단순하게 회고적인 것이 아니다. 의식의 心府에 도사린, 우리들의 어두운 과거에 대한 새로운 조명, 그의 섬세한 필치를 통하여 그것은 싱싱하게 살아나는 악몽의 현실감을 간직하고 있다."고 하였으니 그는 향토적인 회고 취미에 머물러 있는 것이 아니라 1980년대에는 현대인의 현실 비판, 1990년대에는 감각적이고 새로움에 대한 모색으로 일관하고 있다. 이번 동해남부시 20주년 기념 특집호에 발표한 「바람 부는 언덕」은 민족적 역사의식을 되돌아보게 하는 새로운 의미에서의 문제작들로 여겨진다.

러시아에서 만난 고려족 문인

– 북한에서 전향한 3진(한진, 리진, 허진)

1992년 여름, 한국문협 주최 제4회 해외문학 심포지엄이 러시아에서 열렸다. 나는 그해 오월 문협 사무실에서 재소 작가 한진을 만났다. 그와 나는 그때 첫 대면으로 경주에 그의 외삼촌이 살고 있다고 했다. 나는 호기심에서 외삼촌이 누구냐고 물으니 경주의 박남수 씨라고 했다. 그해 러시아에서 개최되는 해외문학 심포지엄에 참가하기로 하고 그때 만날 것을 약속하고 헤어졌다.

7월 24일 김포공항 국제청사에 나가니 영양에서 시를 쓰는 이창환 시인과 대구의 최정석 박사가 나와 있었다. 그래서 경주의 정민호, 김종섭, 이창환, 최정석 이렇게 합류하여 러시아행 비행기를 타고 모스크바를 향해 출발했다. 김포공항을 이륙해서 강릉 상공을 거쳐 동해바다 해안선을 끼고 북상하다가 하바롭스크 상공에서 구 소련 대륙을 횡단하여 모스크바를 향해 서북쪽으로 날아갔다. 7시간을 비행하여 도착한 시간은 이튿날 오전이었다. 상공에서 내려다보이는 모스크바는 마치 솔밭 속에 지어놓은 별장 같았는데 차츰 지상으로 내려오니 거대한 시가지가 눈앞에 전개

러시아 문학기행 마중나온 고려인 문인들(허진, 이진, 한진)

되었다. 비행기가 착륙하여 우중충한 모스크바 공항을 빠져나가게 되었다. 사회주의 국가의 공항 대기실, 부속 건물들 모두 무시무시한 느낌이 들었다. 우리는 그날 저녁 코스모스호텔에 여장을 풀고 거기서 제 4회 해외문학 심포지엄을 개최하게 되었다. 나는 이 자리에서 러시아의 고려족 문인 3진을 만날 수 있었다. 3진 문인은 희곡작가 한진, 시인 리진, 허진이 그들이었다.

그날 수상자는 재소 동포 시인인 리진이었다. 러시아의 재소 한인으로 3진이 있었다. 3진이 모두 모인 것이다. 그들은 모두 북한 출신으로 김일성대학을 졸업하고 구소련 모스크바에 유학하는 도중에 전향한 사람들이다. 한진은 평양사범을 거쳐 김일성대학을 졸업 후 모스크바대학에 유학하다가 전향한 희곡 작가로서 그때 행사를 유치한 장본인이요, 리진은 김일성대학을 나와 모스크바 유학 시절에 전향하여 러시아에 있으면서 한글로 시를 쓰는 시인으로 한글 시집이 있었다. 허진은 6 · 25당시 남침해 온 인민군 장교로서 활약하다가 구소련으로 망명하여 전향한 사람이다. 그들 3진은 한결같이 같은 자리에 앉아 우리의 행사를 지켜보고 있었다.

페테스부르그에서 다시 돌아오는 날 우리는 코스모스호텔에서 일박하게 되었다. 나와 김종섭이 룸메이트가 되었고, 옆방에 최정석, 이창환 시인이 역시 룸메이트였다. 우리 네 사람은 항상 같이 다녔는데 그날도 옆방에서 하루를 함께 묵게 되었다. 우리 네 사람은 한방에 모여서 술을 마셨다. 이창환 시인은 같은 경북권에 거주하면서 이름만 겨우 아는 처지요, 만나서 이야기도 제대로 못한 사이인데도 그는 나에 대해서 많은 오해를 가지고 있었다. 이창환 시인은 대뜸 나에게 “당신 그럴 수가 있소?” 했다. 왜 그러냐고 물으니, 그가 보내 준 시집에 틀린 글자만 교정하여 도로 보냈다는 것이다. 나는 기가 막혀 그것은 내가 아니고 혹시 이름이 비슷한 다른 사람이 아니냐고 했더니 그 사람을 나로 착각하고 있었던 모양이었다. 나와 그는 모든 오해를 풀고 다시 의기투합하여 술을 마시기 시작했다. 그와 나는 쉽게 친해질 수 있었다. 같은 경북 도내에 살면서 너무 늦게 만났다고 하면서 즐거움의 술잔을 나누다 보니 두 방의 냉장고에 든 술을 모두 꺼내어 마셔버렸다. 네 사람은 한데 어울려 노래를 부르면서 하룻밤을 온통 술 속에서 보냈다.

아침에 일어나니 방안이 온통 난장판이 되어 있었다. ‘모닝콜’ 소리에 부랴부랴 일어나서 짐을 꾸려 아침도 못 먹은 채 호텔 로비에 나왔다. 이창환 시인과 나는 아직 술에 젖어 있었다. 우리는 로비에서 작취미성昨醉未醒으로 그냥 떠들고 있었다. 여행사와 문협 사무국에서 관광 코스의 연결이 제대로 안 되어 헛되이 시간만 보내게 되었다. 그 이유로 다음 관광 지로 갈 차가 오지 않았다. 8시에 출발해야 할 예정에서 9시가 넘도록 차가 오지 않으니 사람들은 안달을 하면서 항의하기 시작했다. 그 대표적인 사람이 이창환 시인이었다. 여행지 이동 순서가 제대로 안되었을 뿐 아니라 우리를 태우고 갈 차가 오지 않으니 사무국에 항의를 하고 여행사 측에 대해 불만을 늘어놓으면서 고함을 지르기 시작했다. 이창환 시인은 어제 우리와 마신 술이 아직 덜 깬 상태였다. 이런 상태에서 이런 일을 당하고 나니 얼른 보아서 취중진담처럼 보일 만큼 대담했다. 그는 여행사 측에 여권 반환을 요구하면서 혼자라도 귀국하겠다고 고래고래 고함을 지르는 바람에 많은 사람들이 그에 동조 합세하기 시작했다. 여행사 측에서 잘못한 것이다. 이런 잘못을 스스로 인정하고 예정에도 없는 다른 코스를 마련하였으니 "악자부리스키"극장에서 상당히 비싼 입장료를 여행사 측에서 지불하고 발레 「백조의 호수」를 관람했다. 그 큰 극장이 터져나갈 정도로 많은 사람이 입장하여 발레를 구경했다. 확실히 러시아 사람들은 예술을 사랑하고 좋아한다는 것을 이 극장에서 보아도 느낄 수가 있었다.

다음에 찾아간 것이 러시아 대문호 톨스토이 생가였다. 국민들은 살기 어려워도 이런 문화 유적지는 잘 가꾸고 간수하여 그들의 긍지를 살리고 있었다. 우리는 러시아의 작가라면 얼른 톨스토이를 생각하고 그의 대작 『부활』을 연상하게 된다. 그런 대문호大文豪의 고가를 고스란히 보존하고 잘 가꾸어 안내원과 관리인을 두어 보존하고 있었다. 더구나 푸시킨의 인기는 대단했다. 우리가 잘 알고 있는 「삶」 이란 시 한 편 정도만 기억했는데 그 나라 사람들은 왼통 '푸시킨 거리', '푸시킨 식당', '푸시킨 동상' 등 푸스킨에 대한 애정은 오히려 톨스토이보다 더한 것 같았다. 잠자듯 누워 있는 죽은 모습, 그가 쓰던 방, 원고 등 많은 것을 남겨 두었고 또 그것을 잘 보존하고 있었다.

우리는 이튿날 알마타로 갔다. 공항에 내리니 알마타에 있는 고려족 문인들이 한복을 곱게 차려 입고 우리를 마중해 주었다. 예쁜 장미 한 송이씩을 들고 우리를 환영하는 그들에게 동족의 따뜻한 정을 느꼈다. 우리는 고려식당에서 그들과 함께 '교류의 밤'을 가졌다. 우리의 문학 발표와 '알마타' 동포들이 펼치는 노래와 춤은 잊었던 옛 기억을 되살리기에 충분했다. 우리는 거기서 고려 족 3세 박미하일을 만났다. 그는 그림을 전공한 사람으로 우리말로 소설을 쓰는 사람이었다. 대화는 서툴러도 우리 글을 구사하고 있는 것을 보고 신기함에 또 한 번 놀라게 되었다.

조선족 시인, 石華와의 만남

연변에 가려고 심양공항에 내린 것은, 1995년 7월 17일 오전 11시였다. 낯선 남의 나라, 그것도 나 혼자서 중국의 상공에서 내려다본 심양은 어쩐지 불안하기만 했다. 사회주의 국가라는 관념 때문에 어떤 위험한 사태는 없을까 하는 심정으로 현지에 내렸다. 연길에서 사람은 나왔는지, 연길까지 가는 비행기 표는 끊어 놓았는지, 심히 궁금하고 걱정이 되었다. 비행기가 활주로에 도착하여 서서히 공항 통로로 가는 동안은 더욱 불안했다. 공안원들의 정복 차림이 눈에 거슬리고 권총까지 차고 있는 모양이 불안을 더욱 증가시키고 있었다. 입국신고를 마치고 출구를 빠져 나오니까 많은 사람들이 마중을 나와 있었다. 나는 두리번거리며 살피기 시작했다. 낯선 여행객을 맞는 안내자와 얼굴을 모르는 안내자를 찾아야하는 사정은 심히 다급했다. 심양에서 나를 안내하러 나온 배낭을 맨 등산복 차림의 50대 한국 남자를 찾아내야 하고, 나는 '정민호'란 이름을 들고 나온 30대의 여인을 찾아야 했기 때문이다. 그러나 우리는 많은 군중 속에서 서로가 쉽게 만날 수 있었다. 그리고 연길까지 가는 비행기 표도 사들고 나왔다. 다행이었다. 우리는 간단한 인사를 나누고 공항 호텔로 가서 점심을 먹었다. 연길 가는 비행기를 타려면 많은 시간을 기다려야 했다. 점심을 먹고 한참 쉬다가 우리는 비행기 탑승수속을 마치고 연길행 비행기를 탔다. 날씨가 무척 더웠다. 한국보다 훨씬 더웠다. 냉방시설은 아예 없었고 땀을 그대로 흘리면서 비행기가 출발할 때까지 기다리고 있어야 했다. 드디어 비행기가 출발했다. 어두운 중국 상공은 칠흑 같았고 어디가 어딘지 알 수가 없는 비행기 창유리에서 이따금 가물거리는 불빛만 바라볼 뿐이었다. 설해가 가는 곳마다 안내를 해도 도통 낯선 지명, 생소한 곳이었다. 아래에 불빛이 많아지는 곳의 상공에 와서 비행기가 서서히 하강하기 시작했다. 거기가 연길이라고 했다. 연길도 처음 오는 길이라 역시 불안했다. 그러나 임원춘 선생이 있다는 걸 생각하니 그래도 조금은 안심이 되었다. 임원춘 선생은 중국 작가협회 회원일 뿐만 아니라 소설가로서 이름이 있는 문인으로 나와는 한 번 만난 적이 있었다. 그의 소설 「몽당치마」는 중국에 있는 조선족 작가들에게 널리 알려져 있는 작품이다.

어느덧 비행기가 착륙하고 우리는 통로를 거쳐 밖으로 나왔다. 역시 덥고 메케한 공기 때문에 첫인상은 좋지 않았다. 비행장 밖으로 나와서 택시를 잡아타고 연길 시내로 들어갔다. 어둠 속에 언뜻언뜻 보이는 건물은 컴컴한 어둠 속에서 을씨년스럽게 서 있고 텁텁한 냄새로 뒤덮는 밤공기가 코를 스치고 있었다. 중국 작가협회 연변분회에서 경영하고 있는 초대소로 안내되었다. 초대소는 우리나라의 장급 여관에 해당되었다. 그곳에 가니 임원춘 선생의 부인이 우리를 기다리고 있었다. 나를 맞아 202호실에 안내하고 돌아갔다. 나는 짐을 풀고 여행지에서의 첫날 밤을 보내게 되었다.

연길에 간 지 3일 후에 연길에서 길림, 하얼빈, 목단강, 왕청으로 여행을 하고 돌아왔다. 다음과 같은 작품 하나를 얻었다.

연길을 떠나
吉林, 哈爾浜, 牧丹江, 汪淸을 거쳐
다시 연길에 돌아왔다.
나흘간의 기차 여행,
넓은 대륙의 일부를 순방하고
오늘 다시 연길에 돌아왔다.
어쩌면 여기는 편안한
우리 국토의 한 변방 같다.
조선의 전통과 문화가 남아 있는
이렇게 손쉽고 가까운 곳.

– 졸작 「다시 延吉에 와서」의 전문

아침에 일어나서 창문을 열었다. 公園路 넓은 길 양편 길가로 자전거가 떼를 지어 지나가고 있었다. 연길 사람들은 참으로 부지런하다고 느꼈다. 리어카에 자전거를 달아 열심히 끌고 가는 것만 보아도 모두 열심히 살아가는 조선족의 참모습을 보는 것 같았다.

설해雪海로부터 전화가 왔다. 오늘은 연변 라디오방송국 문예부장으로 있는 석화石華를 찾아보자고 했다. 아침에 빵 두 개와 우유 한 잔으로 식사를 때우고 헤드폰을 꽂고 연변방송을 듣고 있으려니 딩동댕 벨이 울리고 설해가 나타났다. 그는 옷을 산뜻하

재중동포 石華시인

게 차려입었다. 오늘 석화를 만나고 이어서 연길 재래시장(야시장), 연길 백화점 구경을 가자는 것이다. 나는 그렇게 하기로 하고 우선 연변방송국을 찾아갔다. 육중한 건물이 퇴색되어 우중충하게 보이는데 건물 왼쪽 기둥에는 '연변라지오방송국' 간판이 붙어 있었다. 우리는 수위에게 물어서 석화를 찾아갔다. 우중충한 계단을 올라가니 아줌마들이 창문을 떼어놓고 청소를 하느라고 야단이었다. 물을 길어다 놓고 계단을 닦고 창문틀과 창문을 닦고 의자에 걸레질을 하며 열심히 청소를 하고 있었다. 우리는 문학부장실을 찾아가서 석화 시인을 만났다. 그는 육중한 체구에 날카롭게 생긴 눈매를 안경으로 덮고 있었다. 그는 내가 한국에서 온 시인이라는 소개 말에 반갑게 손을 내밀어 악수를 청했다. 같이 시를 쓴다는 이유 때문에 이국의 동포를 형제처럼 대해주는 것이다.

창을 열면 바라보이는
저 산과 마주 앉아
이젠 십몇 년을 살아왔다.

한참 입 다물고 있으면
산은 수많은 이야기들로
내 귀를 먹먹하게 하고
내가 지절거리면
산도 도리어
이마를 쳐들고 하늘을 본다.

— 석화의 「창을 열면」의 전반부

석화는 연변대학을 졸업한 젊은 시인이었다. 지금은 연변 라디오방송국 문학부 기자로 활동하면서 시를 쓰고 있다. 각종 문학상을 수상한 관록 있는 젊은 시인으로 연변 지방에서 부르고 있는 노래도 많이 작사한 시인으로 널리 알려져 있었다. 그는 한국에 온 적이 있으며 한국 시인들과의 친교도 있는 사람이다. 그날 석화는 현대 축구단이 연변에 와서 그 취재차 나가려는 바쁜 일정이 있었다. 서둘러 사진 한 장을 찍고는 그와 헤어져 문을 나오고 말았다.

'박제剝製된 천재?'…… 너희들이 시를 아냐?

석보 김봉환이 결혼하여 황성공원 뒤편으로 이사를 했다. 부부는 결혼하기 전부터 경주문협 회원으로 있었기 때문에 그들의 경주문협에 대한 애정은 대단했다. 석보 부부는 이사도 했으니 그의 집으로 회원을 초대하여 월례회를 개최했는데, 그때의 경주문협 월례회에서는 회원 모두가 작품 한 편씩을 가져와서 합평회를 했다. 그때 서영수 시인도 작품을 가져와서 회원들의 평을 들었다. 누군가가 안 좋은 평을 해서 속으로 매우 기분이 나빠 있었다.

기분이 나쁘면 술을 마시는 법, 지금 생각하면 서 시인 약을 올리게 하려고 일부러 흠집을 잡아 술을 마시게 했는지도 모른다. 그 계략이 성공이나 한듯 서 시인은 약이 올라 계속 술을 퍼마시어 나중에는 술에 취해 고래고래 고함을 질러댔다. 누군가가 "형님 시는 더 구워야겠네요." 하니 서 시인은 "너희들이 시나 아냐? 시를 쓸 줄 아는 사람이 그런 말을 해?" 하는 바람에 석보가 서 시인에게 "형님은 박제된 천재요." 했다. 이 말을 들은 서 시인은 "박제된 천재? 이상李箱이 박제된 천재지 내가 박제된 천재냐?" 하고 불호령을 내리는 바람에 술자리는 싸움판으로 끝을 냈다.

그래서 모두 일어서 나가는데, 서영수만이 분통이 터져 씩씩거리며 그 자리에 남아 버티고 앉아 있었다. 보다 못해 김기문 시인이 그를 일으켜 세워 그의 오토바이 뒤에 태워서 북천 다리를 지나오는데 오토바이 뒤에 앉아서 고래고래 고함을 지르는 바람에 길 가던 사람들이 이 광경을 구경삼아 쳐다보았다. "시인은 죽어도 오토바이는 안 타는 거야. 빨리 세워, 시인의 자존심에 관한 일이야. 빨리 세워 오토바이를–." 하고 뒤로 넘어지려는 바람에 김기문 회원은 기절초풍을 하면서 겨우 국민주택(당시, 서영수는 국민주택에 살았다.)으로 가게 되었던 것이다.

캐나다 심코 호수湖水와 이정순 시인

벌써 10년은 넘은 것 같다. 느닷없이 어느 여행사에서 전화가 왔는데, 이정순이라는 사람으로부터 댁의 부부를 캐나다 관광객으로 모시라는 연락을 받았다는 것이다. 나는 의아해서 무슨 영문이냐고 물으니 정해진 날짜와 시간에 공항으로 나오기만 해달라는 전갈이었다. 그리고 곧 제자 시인 이정순으로부터 연락이 왔는데, "제가 선생님을 캐나다에 모셨으니 사모님과 같이 정해진 날짜와 시간에 출발해 달라."는 전화였다. 우리 부부는 정해진 날짜에 캐나다로 날아가서 7박 8일 동안 여행을 즐기고 돌아온 일이 있었다. 우리는 그때 나흘 동안의 정해진 캐나다 관광을 마치고 리치몬드에 있는 그의 집에서 나흘을 지내면서 극진한 대접을 받았다. 그는 이 같은 시인다운 기질과 여유가 있는 여류시인이었다. 세월이 흐를수록 나는 그의 고운 마음과 그의 환대를 항상 고맙게 생각하고 있다.

나는 그때 캐나다에 있는 한인문인협회의 모임에 나가서 그들과 함께 문학행사에 참가했다. 2003년 6월 22일 한인문인협회가 주최하는 심코 호수에서 하는 제3회 '호반문학제'에 참석하여 주제발표를 할 수 있는 영광까지 얻었다. 나는 그때 '한국의 순수시와 참여시'란 주제로 강의를 하면서 이곳까지 한국의 문학이 뻗쳐 있음에 놀랐다. 강당에 모여 작품 낭독을 하면서 나름대로 그곳의 문인들과 문학을 다지고 있었다. 이날 참석한 캐나다 문인들은 한인문인협회 이덕형(회장), 이금실(행사준비위원장), 박일웅(사진담당), 이정순(부회장) 등 모두 83명으로 백일장까지 열고 있었다. 특히 원주민의 춤은 문학을 떠난 또 다른 체험이었다.

마을로 들어오는 막다른 골목길에
숲은 호수 위로 나를 반긴다.
심코호의 푸른 그 속마음,
아침이 내릴 무렵, 파도는 온통
찰랑거리며 호숫가를 쓰다듬다.
오늘은 호반문학제…

– 졸작 「호숫가에는」의 일부

「밀물처럼 오소서」의 시인 이정순은 나의 제자다. 내가 재직했던 근화여자중고등학교 시절 문예반에서 글재주를 자랑했던 나의 문예반 수제자였다. 그는 근화여중 때에 내가 문예반 담임을 했고, 근화여고에서도 역시 문예반 담임을 맡았던 내가 아꼈던 제자이다. 그는 백일장에 나가기만 하면 장원을 도맡아 했고, 학생으로 전국학생 백일장에서 대통령상까지 받았던 문학 수재였다. 그러던 그가 학생 때는 『학원문단』에 작품을 내어 학원문학상을 받아 전국의 학생문단을 석권했다. '달무리'라는 학생 문학 서클을 만들어 그 모임의 대표까지 지낸 만만찮은 수재였다. 그

캐나다 한인문협 문학행사에서 (좌)이정순시인, 원주민과 필자의 부부(우)

러던 그가 1991년에 문예지 신인상에 당선하여 한국문단에 등단하고 시인으로 활동하고 있었다. 그는 1994년 시집『밀물처럼 오소서』를 상재하여 문단에 별처럼 나타났다.

눈 감으면
그대가 있고 노래가 있고 미소가 있고
눈을 뜨면 흐느끼는 달빛이여, 별빛이여,
외로운 진실처럼 밤은 깊어가고
내 사랑은 점점 밤하늘이 되어가고

– 이정순의「밤하늘」의 후반부

밤하늘의 무수한 별과 그리고 달빛, 이런 신비한 우주 속에서 우리는 나약한 인간의 사랑을 생각한다. 그리고 인간의 사랑을 신의 섭리에까지 뻗어나가 신과 인간의 조화 있는 삶을 생각하게 한다. 그의 시는 늘 힘과 용기와 진실을 표현하고 있다. 그의 시는 사랑과 운명과 하늘의 섭리와 신의 생명이 존재하고 있다.

그는 멀리 캐나다에서 살고 있다. 벌써 20여 년의 아득한 세월 동안 먼 나라에서 민들레와 같이 삶을 뿌리내려 살고 있다.